Love on Legs

Love on Legs

¿Cómo llegar a ser irresistiblemente atractiva?

Nota a los lectores: Esta publicación contiene las opiniones e ideas de su autor. Su intención es ofrecer material útil e informativo sobre el tema tratado. Las estrategias señaladas en este libro pueden no ser apropiadas para todos los individuos y no se garantiza que produzca ningún resultado en particular. Este libro se vende bajo el supuesto de que ni el autor, ni el editor, ni la imprenta se dedican a prestar asesoría o servicios profesionales legales, financieros, de contaduría, psicología u otros. El lector deberá consultar a un profesional capacitado antes de adoptar las sugerencias de este, la integridad de la información o referencias incluidas aquí. Tanto el autor, como el editor, la imprenta y todas las partes implicadas en el diseño de portada y distribución, niegan específicamente cualquier responsabilidad por obligaciones, pérdidas o riesgos, personales o de otro tipo, en que se incurra como consecuencia, directa o indirecta, del uso y aplicación de cualquier contenido del libro.
Este libro no podrá ser reproducido, ni total ni parcialmente, sin previo permiso escrito del autor. Todos los derechos reservados.

Título: *Love on Legs*
© 2019, Estefanía Fuentes

Primera edición: julio de 2019
ISBN-13: 978-84-17781-75-0

La publicación de esta obra puede estar sujeta a futuras correcciones y ampliaciones por parte del autor, así como son de su responsabilidad las opiniones que en ella se exponen.
Quedan prohibidas, dentro de los límites establecidos por la ley y bajo las prevenciones legalmente previstas, la reproducción total o parcial de esta obra por cualquier medio o procedimiento, ya sea electrónico o mecánico, el tratamiento informático, el alquiler o cualquier forma de cesión de la obra sin autorización escrita de los titulares de copyright.

Dedico este libro con todo mi AMOR a mi increíble marido Mark y a mis hijos, Ben, Josh y Grace, me inspiráis a ser mejor cada día.

"AMA quién eres, abraza quién eres. ÁMATE a ti mismo. Cuando tú te AMAS a ti mismo, la gente puede de alguna manera darse cuenta de ello: pueden ver seguridad, pueden ver autoestima y, naturalmente, la gente se dirigirá hacia ti"

-Lilly Singh.

PRÓLOGO

"Love on Legs es una experiencia increíble para descubrirte y potenciarte. Mi autoestima fue mejorada gracias a sus consejos y pasos a seguir"

-S*arah* T*rujillo* M*artín,*
estudiante de Filología Inglesa,
Universidad de La Laguna, Tenerife

ÍNDICE

PREFACIO 15
INTRODUCCIÓN 19
Capítulo 1 ¿Por qué elegir el amor?. 25
Capítulo 2. ¿Qué es el amor? 33
Capítulo 3 ¿Qué pequeña voz? 49
Capítulo 4. ¿Quieres ser tu mejor versión? 73
Capítulo 5. ¿Qué camino ahora?. 89
Capítulo 6. ¿Podrías, por favor? 109
Capítulo 7. ¿Diseñando la vida? 119
Capítulo 8. ¿Qué obstáculos?. 139
Capítulo 9. ¿Qué te empodera? 155
Capítulo 10. ¿Quieres tu poder de vuelta? 189
Capítulo 11. ¿Eres love on legs? 195
APÉNDICES 265

PREFACIO

Tú no puedes cambiar cómo piensa alguien, pero puedes darle una herramienta que lo llevará a pensar diferente.

-R. Buckminster Fuller.

Antes de que empieces, si DE VERDAD quieres llegar a ser irresistiblemente atractiva, te invito a trabajar con este libro, porque funciona si tú estás preparada para trabajar con él.

Es una herramienta que te hará pensar diferente sobre el AMOR y sobre todos los aspectos de ti. Tiene el poder de transformar completamente el AMOR en tu vida si lo permites.

Sigue cada paso de este sistema y al final serás una persona completamente diferente a la que está leyendo esto ahora.

Lo que este libro NO es. Esto no es un libro sobre lo que llevas puesto, cómo verse bien, tus colores, estilo y técnicas de conversación. No es sobre dónde ir y cómo comportarse cuando llegues allí.

Para tener más AMOR en tu vida y AMAR tu vida, necesitas mirar bien en tu ser interior, tus comportamientos, hábitos e interacciones contigo misma y con los demás. Vas a trabajar con tu forma de relacionarte con todos a tu alrededor, despojando los comportamientos conscientes y subconscientes que apartan a las personas de ti.

Cuando te tomes el tiempo de hacer este trabajo interior, harás un profundo y positivo cambio en cómo te relacionas contigo misma, cómo otros se relacionan contigo y cómo ellos llegan a ser atraídos a ti por tu nueva manera de ser. Estarás trabajando de adentro hacia fuera.

Este libro, *LOVE on LEGS*, está diseñado para que tú leas los capítulos uno a uno y hagas los ejercicios relacionados. No más de un capítulo por día.

Permite que las lecciones y sabiduría penetren durante la noche. Podrías apuntar cada capítulo en tu diario ahora si quieres.

Aléjate de todas las distracciones y apaga todos tus teléfonos y tecnología. Deja saber a los demás que estás haciendo un trabajo importante y no puedes ser distraída.

Cuando estés leyendo este libro, subraya cada frase o párrafo que te llame la atención. Consigue un diario de calidad para anotar pensamientos significativos y observaciones que tengas. Anota cualquier descubrimiento que experimentes, cualquier idea que te venga a la mente y cualquier otra cosa para apuntar.

Estas ideas serán como polvo de oro cuando reflexiones, porque te olvidarás de mucho de lo que lees en cuanto más y más ideas ocupen tu mente. Cuando revises tus notas, verás cuánto proceso has hecho realmente.

Como todas las buenas cosas en la vida, este proceso de LOVE on LEGS va a ser divertido y a veces desafiante. Cuanto más pongas en ello, más sacarás fuera. Como en la vida misma, puede que experimentes alegría y decepción y todo lo que hay en medio, esto es una parte normal del camino. Solo relájate y permite que el proceso se desarrolle.

¿Estás emocionada? ¡Yo sí! Estoy realmente emocionada por ti porque sé lo que este material puede hacer por ti.

No puedo esperar a encontrarme a un TÚ nueva y tranformada al final del libro y quizás… ¿seré lo suficientemente afortunada de encontrarme contigo en persona?

INTRODUCCIÓN

¿Love on legs?

¿Qué es y por qué debería leerlo?

Este no es el típico libro sobre el AMOR y puede que no sea lo que esperabas. Sin embargo, tiene el poder de devolverte tu vida.

Si continúas las acciones, haces los ejercicios y empiezas a practicar los nuevos hábitos que se establecen en los siguientes capítulos, el mundo te responderá de una manera diferente. Esto es debido a que estarás trabajando hacia un nuevo propósito en la vida y estarás feliz de hacer lo que AMAS y disfrutas.

Con práctica y persistencia, descubrirás que llegarás a ser más y más irresistiblemente atractivA para cualquiera que te rodea, y, como consecuencia de tu forma de ser, atraerás naturalmente todo el AMOR y relaciones que deseas.

Vivir en un estado de AMOR te da posibilidades ilimitadas, llegas a ser más creativa y abierta, a colaborar y compartir.

TODAS tus relaciones mejorarán de forma natural. Cualquier cosa llega a ser posible cuando estás en el AMOR.

Vivir en el miedo es contradictorio. El enfoque está en sobrevivir y en la separación. Tus posibilidades están limitadas por las circunstancias. Cuanto más miedo tengas, menos AMOR serás capaz de permitir que entre.

Al identificar y reconocer todos tus miedos (algunos que ni siquiera sabías que tenías) y al trabajar a través de ellos, puedes permitirte a ti misma recibir todo el AMOR que siempre querías y esa es una de las cosas que este libro te ayudará a conseguir.

Serás llevada a través de un proceso que te hará identificar las actividades que sacan lo mejor de ti. Cuando haces estas cosas, brillas –te habrás olvidado de ellas en el ajetreo de la vida diaria. Cuanto más hagas estas cosas, más completa y segura llegarás a ser.

Cuando miro alrededor, hay una gran proporción de la población global carente de las necesidades básicas para sobrevivir: agua limpia, comida, calor, refugio y, lo más importante, AMOR. Esta escasez crea miedo, miedo a sobrevivir. El miedo puede convertirse en odio y aquí es donde empiezan los problemas. Todos los problemas del mundo están originados en la escasez y el miedo.

En esta era de tecnologías avanzadas hay más que suficientes recursos para dar la vuelta si se compartiera de forma inteligente. Sin embargo, cuando la guerra es el negocio más lucrativo en el mundo financiero y el odio estimula ese negocio alrededor, ¿por qué aquellos que piensan que tienen el control querrían erradicar el miedo y el odio?

Cuando las personas entran en el modo de supervivencia y de acaparamiento, con miedo a perder sus casas, sus recursos y sus vidas, sus comportamientos llegan a ser predecibles y, por lo tanto, controlables.

¿Hay alguien o algo que pueda parar de expandir el miedo y el odio que alimenta la economía global?

La respuesta es SÍ y está en todas partes a tu alrededor si eliges verlo.

Pregúntate esto: ¿Para qué las personas han luchado y sacrificado sus vidas? ¿Qué es eso que alivia el estrés, mejora la salud y hace que merezca la pena estar vivo? ¿Qué es eso que todos nosotros hemos anhelado, que puede ser dado y recibido gratis? ¿Qué es eso que puede ser encontrado en los lugares más improbables? La respuesta es el AMOR.

"El AMOR es la única fuerza capaz de transformar un enemigo en un amigo"

—Martin Luther King Jr.

Yo y millones de personas plenamente creemos que el AMOR es la única solución. Martin Luther King Jr. lo sabía. Gandhi, la Madre Teresa, Nelson Mandela, John Lennon, Albert Einstein y la princesa Diana, todos los sabían.

"Solo hay dos energías en el centro de la experiencia humana: AMOR y miedo. El AMOR otorga la libertad, el miedo se la lleva. El AMOR invita a la expresión completa, el miedo la castiga. El AMOR te invita, siempre, a romper las barreras de la ignorancia"

—Neale Donald Walsch.

Solo el AMOR tiene el poder de superar el miedo y el odio. La pregunta es: "¿Cómo traemos el AMOR a las vidas de aquellos que están abrumados y desvirtuados por el miedo?

Donde la gente ha perdido la fe en los sistemas, gobiernos y religiones... ¿Cómo podemos hacer del mundo un lugar mejor para todos?".

La respuesta es empezar con una persona y la primera persona para empezar eres tú.

Si eliges amarte a ti misma simplemente quitando cualquier cosa del camino, no solo llegarás a ser más atractiva, encantadora y amorosa, sino que, en una escala global, habrá esperanza para el futuro de la humanidad.

Puede que ahora estés pensando: "¡Yo ya me amo a mí misma!", entonces pregúntate:

"¿Alguna vez me he juzgado a mí misma duramente?".

"¿Soy mi peor crítico?".

"¿Hay algo sobre mí que me hace infeliz?".

"¿Llevo a cabo las tareas para complacer a otros en vez de a mí misma?".

"¿Alguna vez he estado envidiosa de otros?".

"¿Tengo problemas con la comida, el sexo, el tiempo, la salud o el dinero?".

Si la respuesta a alguna de estas preguntas es SÍ, *LOVE on LEGS* mejorará el AMOR y la amabilidad que te demuestras a ti misma.

LOVE on LEGS es una manera de ser, la cual mejorará tus relaciones a la larga con todos, incluyendo (la más importante) la que tienes contigo misma.

Este libro, *LOVE on LEGS*, te hará pensar diferente y, cuando veas la diferencia que hace en tu vida y en el mundo, sentirás la necesidad de compartirlo con aquellos que AMAS.

"Si haces lo que siempre has hecho, obtendrás lo que siempre has conseguido"

– Henry Ford.

¿Puedes incluso imaginar un mundo donde todos (incluyéndote a ti misma) te aceptan por quién eres, tal y como eres? ¿Donde todos actúan con amabilidad y generosidad? ¿Donde eres tratado como AMARÍAS ser tratado? ¿Cómo sería tu vida entonces?

Yo *PUEDO* imaginar un mundo como ese, que es por lo que escribí este libro. En el fondo de tu corazón, tú intuitivamente sabes que el AMOR es la única respuesta y más personas implicadas en LOVE on LEGS es la clave.

Gracias por elegir *LOVE on LEGS*.

Capítulo 1.

¿Por qué elegir el amor?

"En un mundo que está constantemente enfrentándose al miedo y la devastación, nosotros debemos unirnos y ELEGIR EL AMOR. Al elegir el amor, nosotros elegimos tratarnos a cada uno con respeto y dignidad con la esperanza de que podamos expulsar la oscuridad y hacer del mundo un lugar mejor. En las palabras de Martin Luther King: 'La oscuridad no puede expulsar a la oscuridad; solo la luz puede hacer eso. El odio no puede expulsar al odio; solo el amor puede hacerlo'. Elige el AMOR ahora"

-Paloma Faith.

¿Cómo se ve tu vida en este momento? ¿Estás rodeada de buenas, fuertes y amorosas relaciones? ¿Tienes todo el amor que necesitas? ¿Estás satisfecha y feliz con todo en tu vida? ¿Eres generosa con tu tiempo y atención? ¿Eres amada por todos los que te rodean?

¿Estás completamente satisfecha?

Si has respondido SÍ a todas estas preguntas, ¡felicidades! Ya eres un vivo ejemplo de ser LOVE on LEGS y, al liderar poderosamente tu vida, eres un ejemplo brillante para otros, animándolos a liderar poderosamente sus vidas también.

Históricamente los seres humanos hemos estado divididos y controlados por el MIEDO, de arriba hacia abajo, por los órganos de gobierno jerárquicos, comunidades, centros de educación tradicional y sistemas de creencias impuestos sobre nosotros por aquellos en busca de dinero, poder, energía, presencia mental, cuota de mercado y el poder y control final que esas cosas trae.

"Con el tiempo, odiamos lo que muchas veces tememos"

–WILLIAM SHAWKESPEARE.

El miedo no es tu estado natural, el AMOR sí lo es. Cuanto más miedo tengas en tu vida, menos serás capaz de aceptar y recibir AMOR.

La buena noticia es que lo contrario es cierto: cuanto más AMOR permitas entrar en tu vida, menos miedo experimentarás. En pocas palabras, solo dando y compartiendo AMOR y permitiendo que el AMOR entre, naturalmente se alejarán el miedo y el odio.

Recuerdo claramente en 1987 estar llorando de la emoción. Fue justo unas cuantas horas después de la trágica muerte de la hija de Gordon Wilson, Marie, en el horrífico Día de Conmemoración del bombardeo de IRA en Enniskillen, Irlanda del Norte. Gordon Wilson públicamente perdonó a los asesinos de IRA. Yo no lo pude creer, ¿cómo podía ser posible que él perdonara a los terroristas por lo que habían hecho? Yo todavía no lo entendía.

Él compartió cómo él y Marie habían permanecido atrapados bajo los escombros tomados de las manos después del bombardeo, y las últimas palabras de ella fueron: *"Papi, te quiero mucho"*.

"He perdido a mi hija y la echaremos de menos, pero no tengo mala voluntad, no tengo rencor. Malas maneras de hablar no la van a traer de vuelta a la vida. No me preguntes, por favor, por un propósito. No tengo un propósito. No tengo una respuesta. Pero lo que sé es que hay un plan. Si no pensase eso, me suicidaría. Esto es parte de un plan mayor y Dios es bueno. Y nosotros nos volveremos a encontrar", dijo él.

Gordon era un hombre profundamente religioso y se basó en su fe para fortalecerse. Mantuvo una creencia que le aseguraba que había alguna razón, un propósito mayor, para la muerte de su hija.

Sus conmovedoras palabras de perdón no solo me emocionaron a mí, también emocionaron a aquellos que estaban mirando la transmisión, incluso emocionó a presidentes, primeros ministros y líderes mundiales. Él personificó la paz, el AMOR y la reconciliación.

Gordon Wilson llegó a estar involucrado en política y fue una valiosa contribución para construir una nueva Irlanda unida basada en la tolerancia, el perdón y el respeto mutuo, virtudes las cuales encarnó como pocos otros han hecho. Él fue

"Uno de los grandes artífices de la paz en el Norte de Irlanda, Gordon Wilson demostró que una pequeña voz podría cambiar la historia"

-TONY BLAIR.

Gordon podría tan fácilmente haber odiado a los asesinos de IRA y nadie le hubiera culpado por ello. Lo que él entendió fue que nada bueno sale del odio. Se negó a ser una víctima del odio. Sabía que el AMOR y el perdón lo conquistan todo.

Al perdonar a los asesinos de IRA transformó totalmente la influencia del miedo y el odio a una mucho más poderosa lección de AMOR, perdón y compasión. De la tragedia, Gordon encontró un propósito mayor, contribuir a traer paz y unidad a Irlanda.

Por último, Gordon comprendió que solo el AMOR LO CONQUISTARÁ TODO.

"RECUERDA que no hay fracasos, solo lecciones. ÁMATE a ti mismo, confía en tus elecciones y todo puede ser posible"

-Chérie Carter-Scott.

¿Qué es lo que TÚ quieres? ¿Quieres más AMOR en tu vida? ¿Te gustaría vivir una vida menos corriente? Tal vez como Gordon Wilson, ¿tienes en ti una "pequeña voz" que tiene el poder de cambiar la historia y transformar el mundo?

Quizás ahora es un buen momento para que des un paso atrás y hagas un inventario en tu vida.

Aquí hay un par de preguntas para que consideres primero:

1. ¿Están ahora tus acciones conducidas por lo que se **espera** de ti en tu casa, en el trabajo y en los entornos sociales?
2. ¿Qué es lo que realmente amarías hacer y qué es lo que estarías haciendo si fueses completamente libre?

Si te comportas tal y como otros esperan de ti en vez de hacer lo que tú quieres, estarás muy contenta de elegir este libro, porque contiene valiosa sabiduría y ejercicios que son la clave para mejorar tu propia valoración y desbloquear tu máximo potencial y, en general, llegar a ser más atractiva.

En este capítulo descubrirás que más allá de todas nuestras necesidades materiales, lo que tú (y todo el mundo) realmente quieres es AMOR y aceptación.

Podrías pensar que no quieres o necesitas AMOR, quizás ya has renunciado a encontrar el AMOR. Si es así, te demostraré más tarde en este libro que eso es porque tienes miedo de algo y que incluso podrías estar apartando las cosas que quieres.

El AMOR no puede existir donde hay miedo y el miedo no puede existir donde hay AMOR. Entonces, ¿qué prefieres estar haciendo? ¿Vivir con miedo o vivir con AMOR? ¿Qué es exactamente lo que quieres de la vida?

SI NO SABES LO QUE QUIERES, ¿CÓMO VAS A CONSEGUIRLO?

 Haz el EJERCICIO 1 – SI EL DINERO NO FUESE UN PROBLEMA, ¿CÓMO SERÍA TU VIDA? Página 209, en la sección de Ejercicios al final de este libro. Este ejercicio te demostrará dónde estás hoy y lo que podría ser posible si lo permites.

¿QUÉ AMARÍAS HACER?

¿Te ha hecho pensar diferente el EJERCICIO 1? ¿Estás ahora considerando posibilidades que podrías no haber pensado previamente? Estas nuevas posibilidades son solo el comienzo. ¡No pares ahora, sigue adelante!

ESTAR EN EL AMOR

¿Puedes recordar un momento en el que estuviste EN EL AMOR? ¿No es increíble cómo de fácil y gozosa la vida es cuando estás EN EL AMOR, cómo todo parece posible? La vida está llena de emoción y estás en un estado de "fluir". ¿Has experimentado eso?

Está universalmente aceptado que, sin AMOR, un perfecto bebé recién nacido perecerá al venir a este mundo o llegará a ser un niño mentalmente trastornado. Tal vez recuerdas las impactantes imágenes de los orfanatos en Rumanía y en las "Habitaciones Moribundas" chinas de los niños de los 90. Habitaciones de niños, atados a sus camitas, sin llorar, sin comunicación, en trágico aislamiento y lamentable miseria.

Si estos niños dañados sin amor sobrevivían (muchos no), crecían como adultos psicológicamente perturbados. A menudo adquirían comportamientos antisociales y recurrían a sustancias adictivas para compensar el AMOR que nunca tuvieron. Solo una pequeña parte fue capaz de encontrar la fuerza para salir de la adversidad, sobrevivir y conducir sus vidas desde el desafortunado comienzo y darles la vuelta a sus vidas, contra todo pronóstico.

ES UN HECHO: TODOS NECESITAMOS AMOR EN NUESTRAS VIDAS PARA SER CAPACES DE PROSPERAR.

¿Qué hay de ti?

¿Falta algo en tu vida? ¿Algo que marcaría TODA la diferencia? ¿Sabes siquiera lo que ese algo es?

Puede que pienses que si tuvieras más DINERO, mejor SALUD, más tiempo, mejor CUERPO, un trabajo mejor, mejor sexo, mejores relaciones (o TODO lo anterior), tendrías una vida mejor.

Estarías sorprendida de saber que, incluso si *tuvieras* todas las cosas que piensas que necesitas, mucho no cambiaría. Si tienes baja autoestima, baja valoración propia y bajo nivel de AMOR propio, el estado de tus finanzas, tu salud, tu ocupación, tu vida sexual y tus relaciones, se convierte TODO en un reflejo directo de cómo te valoras a ti misma.

Seamos sinceros, ¿estás de acuerdo en que la mayoría de la gente atractiva que conoces es generalmente segura de sí misma y son increíbles personas que prosperan en algún área de sus vidas? ¿Puedes ver que no es cómo lucen o lo que hacen, sino quiénes *son* lo que tú encuentras atractivo?

Incluso si has tenido una relación con alguien que tiene baja autoestima, ¿has notado cómo te arrastran con el tiempo?

Si fracasas en atraer a la gente adecuada para ti, podría ser porque TU nivel de autoestima es más bajo que el de ellos. Así que vas a trabajar en elevar EL TUYO, ¡así les atraerás naturalmente!

¿Tiene esto algún sentido para ti?

Con la ayuda de este libro y sus ejercicios trabajarás para mejorar tu propia valoración, tu autoestima y tus hábitos hasta un punto donde no solo TÚ AMAS y valoras quién eres, sino que llegas a ser irresistiblemente atractiva para los otros.

RESUMEN CAPÍTULO 1

- A pesar de tus circunstancias actuales y pasadas, tienes la elección en cuanto a si experimentas el AMOR.
- Históricamente, los humanos han estado divididos y controlados a través del miedo.
- El miedo no es nuestro estado natural, el AMOR sí lo es.
- El perdón saca fuera todo el poder del miedo y del odio de todas las situaciones.
- Al perdonar, tú ya no eres una víctima de quienes te causan miedo.
- Indagaste sobre si TÚ haces lo que se espera de ti (por la sociedad y por el entorno) o eliges lo que tú haces.
- Todos tienen una necesidad básica de AMOR para sobrevivir y PROSPERAR.
- El AMOR no puede existir donde hay miedo y el miedo no puede existir donde hay AMOR, tú eliges donde prefieres estar.
- Si no sabes lo que quieres, ¿cómo vas a conseguirlo?

Capítulo 2.

¿Qué es el amor?

El AMOR es muchas cosas diferentes para muchas personas diferentes.

Aprender a AMAR, aceptar y ser amable CONTIGO MISMA es la ÚNICA cosa que transformará TODAS las áreas de tu vida. Es más, es un área donde tú PUEDES marcar la diferencia y puedes hacerlo fácil o difícil.

Aquellos que entiendan esto, practican esto y vivan de esta manera estarán siendo LOVE on LEGS. Ellos dan y reciben todo el AMOR que quieren y necesitan. Es más, no tienen que trabajar duro para conseguirlo.

Pregunta a cien personas diferentes: "¿Qué es el AMOR?". Y obtendrás cien respuestas diferentes:

"El amor es una amistad que ha prendido fuego. Es tranquilo, comprensivo, confianza mutua, compartir y perdonar. Es lealtad a través de los buenos y malos momentos. Se conforma con menos que la perfección y tiene en cuenta las debilidades humanas"

-Ann Landers.

"La música es el amor, el amor es la música, la música es vida, y yo amo mi vida"

-A. J. McLean.

"Amor es cuando la felicidad de la otra persona es más importante que la tuya"

-H. Jackson Brown Jr.

"El amor es mucho más que el deseo sexual; es el principal medio de escape de la soledad que afecta a la mayoría de hombres y mujeres durante gran parte de sus vidas"

-Bertrand Russell.

"¿Has estado enamorado alguna vez? Horrible, ¿verdad? Te hace tan vulnerable. Abre tu pecho y abre tu corazón y significa que alguien puede entrar y hacerte daño"

-Neil Gaiman, The Kindly Ones.

"El amor es la llave maestra que abre las puertas de la felicidad, del odio, de la envidia y, la más fácil de todas, abre la puerta del miedo"

-Oliver Wendell Holmes, Sr.

"El amor es un helado, con todas sus coberturas. El sexo es la cereza de encima"

-Jimmy Dean.

"Crees que lo has encontrado, luego se evapora en el aire fino. El amor parece ser cuando alguien hace algo inesperado por ti y simplemente sabes que eres amado"

-Kate Drummond.

"El amor es algo que no puede ser explicado, pues las palabras son solo palabras. El amor es algo que sientes dentro de ti y se muestra porque brillas y te conviertes en un imán para aquellos que hablan amor"

-Master Mark Allen.

"El amor verdadero no es una pasión fuerte, ardiente e impetuosa. Por el contrario, es un elemento calmado y profundo. Va más allá de lo externo y es atraído por las cualidades únicas. Es sabio y exigente, y su devoción es real y permanente"

-Ellen G. White.

La mayoría de la gente NO tiene ni la menor idea de qué es realmente el AMOR. A menudo lo confunden con la lujuria y las emociones experimentadas en las relaciones sexuales y románticas.

¿Por qué no mirar al AMOR desde otra perspectiva?

El AMOR está perdido o limitado en la mayoría de las vidas de la gente. Si nosotros en la raza humana recibiéramos el AMOR que quisiéramos y necesitásemos no habría miedo, ni odio, ni guerra.

Descubrirás, a medida que completes los ejercicios en este libro y trabajes sobre ti misma, que atraerás y desarrollarás mejores relaciones donde quiera que vayas. Las mejores relaciones atraerán las mejores circunstancias.

La calidad de tu vida depende de la calidad de tus comunicaciones y relaciones, especialmente de la relación más importante que has tenido, la relación CONTIGO MISMA.

Si yo puedo demostrarte que, simplemente al mejorar tu lenguaje y tus comunicaciones contigo misma y con aquellos alrededor tuyo, dramáticamente se transformará tu vida, ¿querrás entonces mejorar todas tus comunicaciones?

Los ejercicios te ayudarán a identificar qué es lo que te ha estado echando para atrás hasta ahora y aprenderás nuevos poderosos hábitos que reemplazarán los hábitos que ya no funcionan para ti.

¿Podría ser este libro uno de los más importantes que has tomado hasta ahora?

 Haz el EJERCICIO 2 - ¿QUÉ ES EL AMOR PARA TI? En la página 213.

Como se mencionó antes, cuando estás en el AMOR el mundo entero parece como un lugar mejor porque reaccionas a QUIÉN estás siendo.

¿Puedes SER así en cualquier momento? ¡SÍ! SÍ, TÚ PUEDES, en cualquier momento que tú ELIJAS.

AMOR INCONDICIONAL

Un bebé recién nacido es puro LOVE ON LEGS. De hecho, los cachorros recién nacidos y todos los animales bebés son pequeños paquetes de puro amor y alegría. Ellos sacan fuera nuestras mejores emociones. Nuestras emociones son un reflejo directo del AMOR y las altas vibraciones que estos pequeños seres inocentes nos están dando a nosotros.

Si eres una madre o un padre, ¿qué sacrificarías por tu hija? Si algo o alguien amenazara sus vidas, ¿hasta dónde llegarías para protegerles? ¿Has perdido alguna vez horas de sueño ocupándote amorosamente cuando ellos estaban enfermos?

La verdad es que los padres y en particular las madres (con la rara excepción), aman a sus hijos incondicionalmente. Podría haber momentos que no te gustasen mucho, sin embargo, la mayoría de ustedes moriría para proteger a sus hijos si fuese necesario.

Hay una conexión invisible entre tu hijo y tú que es más fuerte que el hueso más rudo, y esa conexión es AMOR INCONDICIONAL. El dar AMOR esperando NADA a cambio.

Ahora vamos a mirarlo desde el punto de vista de un bebé. La figura de la madre (podría ser un padre, abuelo o guardián) es su fuente de AMOR, comida y bienestar. Ella ama, alimenta, cocina, mantiene y cuida al bebé lo mejor que puede. El bebé depende totalmente de ella.

¿Hambriento? → hace un ruido → consigue alimentarse o calmarse.

¿Sediento? → hace un ruido → consigue leche o agua.

¿Pañales sucios? → hace un ruido → ¡mágicamente, el pañal será comprobado y muy pronto cambiado!

La madre está al servicio de la salud, el bienestar y la felicidad del bebé.

El bebé básicamente tiene un servicio de habitación, al menos 24/7.

> Bebé Feliz = Madre Feliz

¿Qué es lo que tu precioso paquete de amor y alegría te da de vuelta?

¿Te paga por tus servicios? ¿Te hace la lavadora?

¿Te compra los zapatos que tú querías? ¿Te regala una noche fuera? ¿Te dice incluso "muchas gracias"?

¡No! Aunque él sí te puede mirar muy bonito cuando te sonríe con esos grandes e irresistibles ojos de "*TE AMO*". Una pura mirada de AMOR que el dinero no puede comprar.

Entonces, ¿POR QUÉ lo AMAS? ¿De quién más aceptarías ese comportamiento egoísta?

El AMOR incondicional es cuidar mucho del bienestar de alguien más que lo haces del tuyo propio.

Es QUIÉN es tu bebé, NO lo que está haciendo por lo que tú lo AMAS.

Un bebé es nacido puro LOVE on LEGS.

Ser padre trata de esperar nada y experimentarlo todo.

Cuando más AMOR das, más recibes. Cuando más AMOR recibas, más naturalmente das.

El AMOR es una manera de ser. Ser LOVE on LEGS.

Solo experimentar una amable, conocida y linda mirada de los grandes ojos del amoroso bebé, una cara divertida y risueña, una GRAN sonrisa es suficiente, una mirada de AMOR que hace que todo merezca la pena.

> *"El entorno es más fuerte que la voluntad"*
>
> – Jim Rohn.

¿Has notado cómo tus sentimientos, emociones y tu manera de ser pueden cambiar dependiendo de con quién estás, dónde estás y lo que estás haciendo?

Cuando estás con un grupo de amigos o con la familia, ¿has notado cómo cada individuo es capaz de influenciar en el humor y la energía del grupo entero? Pueden levantarla hasta alturas de éxtasis o pueden matarla en un instante si quieren.

¿Has experimentado, cuando estás celebrando con tus amigos o familia, que la energía puede ser alta? Todos ustedes están pasándolo bien y la vida es más fácil en ese momento. Sin embargo, solo un simple comentario negativo o acción de un individuo puede desencadenar las emociones negativas en el grupo, puede bajar la energía del grupo entero a uno o dos niveles más bajo. Así es cómo de poderoso eres individualmente. Tú tienes el poder de crear y destruir, y lo que es realmente maravilloso es que cuando te das cuenta de esto puedes elegir crear en cualquier momento.

Tu entorno puede hacerte o romperte. La gente con la que pasas tiempo y los lugares en los que empleas tiempo pueden construirte o destruirte. Pueden abrazarte y elevar tu energía o pueden drenar tu energía. Asegúrate de que eliges rodearte solo de alta energía positiva y de gente amorosa (si quieres ser positiva, amorosa y tener alta energía).

> *Cuando estás en un entorno de alta energía, atraerás personas y experiencias de alta energía. Cuando estás en un entorno de baja energía, atraerás personas y experiencias con energía más baja. ¿Qué elegirás?*

De nuevo tienes una elección: ser o NO ser el efecto de tu entorno. Cuando TÚ llegas a ser un entorno de alta energía (LOVE on LEGS), sin permitir que las influencias externas drenen tu energía, eres irresistiblemente atractiva y atraerás AMOR y otras altas experiencias de energía.

¿QUIÉN ERES TÚ?

Cuando te presentas a ti misma ante los otros, ¿qué dices de ti misma?

¿Te presentas a ti mismo en relación con los roles que has tomado en la vida? ¿Una mujer, un marido, emprendedor, comerciante, conductor de tren, padre que mantiene la casa, atleta, programador informático, azafata, limpiador, asistente de tienda, camarero, etcétera?

¿Eres realmente así o es solo el papel que juegas?

SER AUTÉNTICO

"Tenemos que levantarnos por lo que creemos, incluso cuando podríamos no ser populares por ello. La honestidad empieza con ser nosotros mismos, auténticos y verdaderos a quiénes somos y en lo que creemos, y eso no siempre podría ser popular, pero te permitirá seguir tus sueños y tu corazón"

-Tabatha Coffey.

Personas auténticas son difíciles de encontrar en el mundo occidental de hoy. Estamos tan ocupados en nuestras ocupaciones, intentando aparentar ser algo que no somos y trabajar en trabajos que no nos gustan para conseguir dinero que soportará el estilo de vida que pensamos que queremos.

Ser auténtico es ser verdadera a ti misma y NO comportarse de una manera **para** complacer a otros.

Muchos de nosotros construimos una personalidad para proyectar al mundo (nuestro ego), la cual evoluciona a través de las experiencias de la vida. A medida que crecemos, experimentamos cuando recibimos o no AMOR y dibujamos nuestras propias conclusiones sobre cómo comportarnos para ser amados.

- Si consigues más AMOR y atención porque pareces guapa o elegante, podrías desarrollar una necesidad de parecer guapa.
- Si recibes AMOR y atención por ser inteligente, intentarás ser inteligente. Te acostumbrarás a tener la razón todo el tiempo.
- Si eres premiada por decir la verdad, tenderás a ser más sincera.
- Si eres halagada por ser capaz, valiente y con coraje, podrías desarrollar una necesidad de ser fuerte y nunca ser capaz de pedir ayuda.
- Si solías ser mandada a callar cuando eras un niño y fuiste juzgada por no tener razón, probablemente te guste juzgar y hacer que otros no tengan la razón en cada oportunidad. Tienes la necesidad de tener la razón.
- Si te encuentras a ti misma como el punto de mira en un entorno de *bullying*, podrías llegar a todo tipo de longitudes para adaptarte, podrías unirte a los que intimidan y llegar a ser uno (supervivencia), puede que los evites por encima de todo y convertirte en astuto o solitario, puede que llegues a ser un comediante que los haga reír y gustarles.

Desde el momento que naces, a través de tus experiencias personales y a través de los castigos y los sistemas de recompensa, tú coleccionas y analizas información. Tomas esa información, la procesas y sacas conclusiones de ello.

Modificas tu comportamiento acorde a las conclusiones que sacas. Todo esto para conseguir el AMOR y atención que quieres y para "encajar" y sobrevivir en tu comunidad.

En consecuencia, adoptaste tu comportamiento constantemente. Quién crees ser no es necesariamente quién eres realmente.

Quién de verdad eres puede estar completamente perdido en el esfuerzo de mantener a la persona que trabaja para protegerse del mundo.

Es cuando este ego pelea con quien de verdad eres y lo que tu entorno espera de ti que hace que el estrés se desarrolle y pueda conducir a enfermedad y a comportamientos adictivos o irracionales.

Este conflicto entre las personas públicas y privadas es la razón de que los niños de película y las estrellas musicales se descarrilen ocasionalmente.

Al tener la constante presión de retratar un modelo de rol perfecto, desde una temprana edad, su verdadero ser está *gritando* para ser revelado, para decir la verdad, ser ellos mismos.

Están literalmente *luchando* por sobrevivir y tienden a desbordarse completamente para romper cualquier ilusión falsa que el público pueda tener para disipar cualquier mito que podría rodearles.

¿Alguna vez has identificado que tienes necesidades fuertes? ¿Sientes la necesidad de verte bien? ¿Reconoces que tienes una necesidad de tener la razón y argumentar hasta que la tengas? ¿Necesitas aparentar ser fuerte y lista en cualquier suceso? ¿Necesitas tal vez estar en control? ¿Quizá necesitas ser la mejor persona en todo?

Si has identificado alguno de estos rasgos (yo los he tenido en algún momento que otro), es fantástico, lo has reconocido. Reconocer tal rasgo es el primer paso para llegar a ser un maestro de ello.

Probablemente hemos estado orgullosos de estos rasgos en algún momento y AMAMOS cuando son reconocidos. Pensamos que estos rasgos son nuestras fortalezas, sin embargo, nuestras fortalezas percibidas a menudo se tornan en ser nuestras debilidades, nuestro deshacer.

En cualquier momento que actúas de una manera para conseguir un resultado en particular, toma nota y pregúntate a ti misma:

"¿Es así cómo realmente soy? Si no, ¿por qué lo estoy haciendo? ¿Cuál es el beneficio inmediato para mí en actuar de esta forma?".

Si puedes encontrar la razón por la que te comportas de la manera en la que lo haces y controlarla, estás en el camino de grandes avances en todas las áreas de la vida.

La vida es mucho más fácil cuando tú eres solo tú misma, pura y simple. Toma mucha conciencia, práctica persistente y puede que incluso coraje cambiar tus costumbres, pero valdrá mucho la pena porque reducirás tus niveles de estrés.

Cuando eres verdadera a quien tú eres, todo el estrés de la vida se marcha, todo llega a ser más claro y la vida puede ser más fácil. Siendo mucho más fácil AMARTE a ti misma, AMAR a otros y ser AMADA. Solo tú tienes que elegir permitirlo.

Yo siempre he pensado que era muy auténtica y muy real. Mirando atrás, eso tiene gracia. ¡Era completamente ilusa y para nada auténtica!

Desde que tengo memoria he proyectado una imagen de mí misma que quería vivir acorde a las expectativas que otros tenían de mí, yo no estaba siendo verdadera a quien soy.

Todo lo que hice fue el resultado de una decisión: actuar de una forma que protegería mi ego, la forma que quería aparecer ante los otros.

Trabajé en ser una buena y sensata chica para mis padres. Una increíble mejor amiga para mis amigos. Una madre brillante y una mujer perfecta para mi marido y cualquiera que nos observara. Una anfitriona divertida y cocinera para nuestros invitados.

Estaba tan ocupada jugando a todos estos roles como mejor podía, que me encontré a mí misma perdida y frustrada. No estaba amando la vida, había perdido mi sentido de propósito. A medida que los niños crecían eran más y más independientes, y yo estaba desesperadamente buscando algo que me inspirara y me consiguiera poner en fluidez.

Cuando el mundo parece estar colapsándose alrededor tuyo, trabajar para aparentar ser exitosos, felices y llenos puede ser agotador y frustrante. Yo quería gritar desde la azotea para que todos oyeran: "¡La he cagado! No soy lo que aparento ser", ¡eso hubiera sido auténtico!

Sin embargo, tuve miedo del efecto que eso podría tener en mis relaciones. Yo era lo suficientemente fuerte e inteligente para arreglármelas yo sola. No necesitaba ninguna ayuda, así que me mantuve aparentando.

Cuando trabajé en la industria de antiedad, mientras me proyectaba como una emprendedora exitosa, tuve un diálogo interno negativo que determinaba y criticaba mis esfuerzos constantemente: "¡Eso fue una presentación inútil! ¡Yo no lo compraría! ¡Los estás aburriendo! ¡Ellos nunca van a comprar eso a ese precio!". No me extraña que no fuese tan exitosa como podría haberlo sido.

Incluso socialmente, cuando yo era la "mejor mitad" de una pareja feliz, me decía a mí misma: "¡La mayoría de las personas a las que estás intentando convencer de que tu vida es increíble probablemente están pasando por lo mismo que tú! ¿No estarían ellos aliviados y agradecidos si compartieras auténticamente? ¿No estarían ellos agradecidos de no estar solos, de que puedan ahora permitirse bajar la guardia también y ser liberados al compartir sus miedos contigo?".

Fui incluso una mentirosa compulsiva y negaba los hechos. Pequeñas mentiras piadosas. ¡Lo fascinante es que me consideraba a mí misma una persona de confianza!

La mentira fue el resultado de una imaginación hiperactiva y la falta de un carácter fuerte (baja autoestima y valoración propia en la cual entraremos más tarde). Hubiera mentido para que la gente mantuviera la imagen de mí, hubiera hecho cualquier cosa para proteger mi ego.

Cuando era joven estaba desesperada por encajar y gustar a mis amigos, incluso a veces me inventaba el tipo de cosas que pensaba que les podía impresionar, eso haría que ellos me quisieran en sus grupos.

"En el vagón del miedo tenemos muchas condiciones, expectativas y obligaciones que crean un montón de reglas para protegernos a nosotros mismos contra el dolor emocional, cuando la verdad es que no debería haber ninguna regla. Estas reglas afectan la calidad de los canales de comunicación porque cuando tenemos miedo, mentimos"

-MIGUEL RUIZ, LA MAESTRÍA DEL AMOR.

Pensé que esto era ser inteligente. ¡Las estúpidas cosas que algunos de nosotros hacemos para perseguir la pertenencia y el AMOR!

Siempre me he sentido atraída por la gente emocionante con un brillo en sus ojos. La gente segura con altos niveles de energía, quienes parecen pasarlo bien la mayoría del tiempo. Ellos eran los aventureros, sin miedo, seguros de sí mismos, grandes personas del deporte, gente bonita y divertida. O eran genios fascinantes quienes a menudo parecían estar viviendo en una realidad diferente. Piensan diferente, los locos, los únicos que estrecharían mi imaginación y me deslumbrarían con su inteligencia.

Sean quienes sean, yo siempre sentí que no era lo suficientemente de 'algo'. No era lo suficiente emocionante, lo suficiente valiente, lo suficiente guapa, lo suficiente deportista, lo suficiente delgada, lo suficiente divertida o lo suficiente inteligente.

Echando la vista atrás, ¡ahora puedo reírme de lo ridícula que era! ¿Te sorprende que no pudiera encontrar un novio? Qué pérdida de tiempo y energía intentando ser algo más, mejor o diferente de quien era. Todo el tiempo, tú y yo hemos tenido la única cosa que todos quieren y por la que son atraídos, pero podría estar en tu punto ciego como lo estuvo en el mío. Como yo, puede que estés rechazando más que atrayendo a tu pareja perfecta.

Los últimos diez años han sido duros para mucha gente, incluyendo para nosotros. Tuvimos que vender nuestra casa, yo personalmente fracasé empresarialmente un par de veces y me metí en deudas, me separé de mi marido y me aislé de mis amigos. Estaba tan apenada que me había permitido a mí misma estar en esta posición y no podía soportar estar alrededor de alguien hasta que me arreglara a mí misma (el reflejo de mí misma que veía en sus ojos fue más doloroso de lo que podía soportar).

La vida es mucho mejor hoy gracias a que estoy trabajando sobre mí misma (y lo estoy compartiendo contigo ahora); estoy permitiendo que otros me contribuyan y me den el espacio y el AMOR para arreglarme a mí misma.

Ahora estoy en mi viaje del día a día viviendo mucho más una más auténtica, amorosa y honesta vida. Día a día.

Cambiando mis hábitos y formas de pensar (como te comparto en este libro), estoy ahora de vuelta viviendo con mi maravilloso, tolerante, incondicionalmente amoroso y perdonable marido. Tengo todo el AMOR que podría imaginar. Nunca se marchó, siempre estuvo ahí, simplemente no me sentí merecedora de recibirlo.

¡TÚ TAMBIÉN LO PUEDES TENER!

Tú ya lo tienes. A través de las experiencias de vida (algunas las cuales pudieron ser terribles), has perdido los ojos para verlo y las orejas para escucharlo. Está todo alrededor tuyo. Solo sigue leyendo este libro, incluso cuando el material llegue a ser difícil, porque puedes reaprender cómo tenerlo, verlo, oírlo y sentirlo todo, si es eso lo que *realmente* quieres.

NUNCA TE RINDAS EN EL AMOR.

 Haz el EJERCICIO 3 - ¿QUIÉN ERES TÚ REALMENTE? En la página 217.

RESUMEN CAPÍTULO 2

- La calidad de tus relaciones es un reflejo de la calidad de las comunicaciones contigo misma (voz interior) y con los otros.
- Cuando tú eliges el AMOR, cuando eliges vivir como LOVE on LEGS, el AMOR y los milagros ocurrirán en tu vida. TÚ tienes la elección en esto.
- Un padre da amor incondicional a sus hijos.
- Es QUIÉN un bebé está siendo, NO lo que está haciendo lo que hace que le AMES.
- El AMOR es una manera de SER: ser LOVE on LEGS.
- Tu entorno puede hacerte o romperte.
- La gente con la que pasas tiempo y los lugares donde pasas tiempo pueden hacerte o romperte. Ellos te abrazarán y elevarán tu energía o ellos drenarán tu energía.
- Asegúrate de que te rodeas de gente positiva, de alta energía y amable si eso es lo que quieres llegar a ser.
- Tú eres quién tú eres, NO lo que haces.
- Ser auténtica es ser verdadera a ti misma y no comportarse de una manera para complacer a otros.
- Cuando estamos en el miedo creamos un montón de reglas solo para protegernos del dolor emocional.
- Hacer las cosas para complacer o atraer a otras personas ¡NO ES ATRACTIVO!
- Tú eres más atractiva cuando simplemente estás siendo tú, amando lo que haces y pasándolo bien al hacerlo.

Capítulo 3.
¿Qué pequeña voz?

"Cuando estamos incompletos, estamos siempre buscando que alguien nos complete. Cuando, después de unos cuantos años o meses de una relación, descubrimos que estamos todavía insatisfechos, le echamos la culpa a nuestras parejas y nos interesamos por otra pareja más prometedora.

Esto puede continuar y continuar hasta que admitamos que mientras que una pareja puede añadir dimensiones dulces a nuestras vidas, es cada uno de nosotros quien es responsable de nuestra propia realización. Nadie más nos lo va a proveer y, si creemos lo contrario, es engañarnos a nosotros mismos peligrosamente y programar un fracaso final en cada una de las relaciones en las que entramos"

-TOM ROBBINS, AUTOR GALARDONADO.

¿Sabes por qué no has conseguido todavía la realización y el AMOR que deseas en tu vida? ¿Es por tu familia, tus circunstancias, tu miedo a fracasar y a la crítica? ¿Es por falta de tiempo o recursos económicos? ¿Es por otros compromisos que están primero? ¿Cuáles son tus razones?

Estas podrían ser todas razones válidas, pero la ÚNICA razón por la que tú no has conseguido el amor y la realización es que *tú no has elegido el amor y la realización*. Tu entorno te ha programado para estar a salvo, para encajar, y haciendo eso podrías estar alejando el AMOR que anhelas y ni siquiera eres consciente.

 La relación más significativa que tú hayas tenido en tu vida es la única que mantienes contigo misma, así que vamos a permitirnos mirar al ahora haciendo **el EJERCICIO 4** - ¿CÓMO TE RELACIONAS CONTIGO MISMA? En la página 219.

Habiendo respondido a las preguntas, ¿qué observaciones has tenido sobre la manera en la que te relacionas contigo misma? ¿Eres amable, generosa, comprensiva y llena de amor por ti misma, o estás llena de juicio, disgusto y frustración?

"Tienes tan poca fe en ti mismo porque estás reacio a aceptar el hecho de que el AMOR perfecto está en ti, y entonces buscas fuera lo que no puedes encontrar dentro"

-Helen Schucman, Un Curso en Milagros.

DIÁLOGO INTERNO NEGATIVO

El Diálogo Interno Negativo es la razón *número uno* por la que la gente no alcanza lo que quiere conseguir. Hablan de ellos mismos (de hecho, programándose a sí mismos) hacia el fracaso y la renuncia.

Si eres alguien que nunca parece completar las cosas que empieza, pregúntate: "¿cómo puedo comunicarme conmigo misma?"

¿Es mi diálogo interno que me motiva o me desmotiva?

¿Te has dicho alguna vez a ti misma frases como…?:

"No puedo hacer eso, es imposible".

"No funcionará para mí".

"No soy lo suficientemente inteligente".

"Nunca voy a encontrar a alguien que me QUIERA".

"No puedo permitírmelo".

"Nunca perderé peso".

"Soy demasiado aburrida".

"No soy lo suficiente atractiva".

"Eso nunca me pasará a mí".

"Nunca seré rica".

"Está bien para ellos, tuvieron ayuda".

"¡No puedo pedir eso!".

"Nunca seré lo suficientemente inteligente/fuerte/rápida/resistente/guapa/rica".

"Aprendo lento".

"Eso es muy difícil".

Repite este tipo de frases negativas con suficiente frecuencia y tu mente empieza a creerlo y empieza a vivir en consecuencia.

DIÁLOGO INTERNO POSITIVO

"Soy el más grande, lo dije incluso antes de saber que lo era"

—Muhammad Ali.

Quizás tu diálogo interno es más positivo y empoderado:

"Puedo hacer lo que sea con el tiempo dado y los sistemas correctos".

"Soy lo suficiente inteligente y hábil".

"El AMOR está en todos lados cuando lo buscas".

"Sé qué estilos se adecúan a mí y puedo estar increíble en cualquier momento".

"Mis finanzas son un reto".

"Estoy interesada en otras personas y ellos están interesados en mí".

"Soy más feliz cuando hago lo que YO AMO".

"Si tomo las acciones adecuadas, puedo hacer que ocurra cualquier cosa".

"Si gasto menos e invierto más de mi dinero sabiamente, puedo tener más que suficiente dinero".

"Cuanto más sonrío, más atractiva soy".

"Si trabajo en ello, puedo ser tan fuerte, rápida y resistente como yo elija ser".

"Aprendo continuamente".

"Eso no es tan frustrante como fascinante".

Si tu diálogo interior se parece a la primera serie de diálogo negativo, necesitas reprogramarte a ti misma (¡empezando ahora!) con frases más positivas como estas y experimentarás una vida mejor… ¡garantizado! Si no, ese diálogo interno continuará determinando todo lo que haces.

Cada vez que escuches esa "pequeña voz" convirtiéndose en negativa, ¡cámbiala a un lenguaje positivo! Repite la frase positiva al menos tres veces, preferiblemente en alto si te atreves, practica esto y verás cómo de mejor tu vida llegará a ser.

> TÚ PUEDES CAMBIAR TU VIDA CUANDO CAMBIAS LA MANERA DE PENSAR Y HABLARTE A TI MISMA.

¿SOY DIGNA DE SER AMADA?

La razón por la que no tienes suficiente amor en tu vida es que tú te has dicho a ti misma que eres indeseada o no atractiva en algún nivel.

Tú puedes tener más AMOR en tu vida, pero tienes que permitirte que entre. No te AUTOSABOTEES con el Diálogo Interno Negativo.

> ## PERMITE AL AMOR ENTRAR

Para transformar completamente todas tus relaciones en relaciones amorosas, primero tienes que transformar la relación que tú tienes contigo misma en una relación amorosa y de aceptación.

Estás aprendiendo a dominarte.

Sé AMABLE contigo misma. Sé generosa y aprende a hablarte amablemente.

Aprende a transformar las cosas que no te gustan en cosas sobre las que te sientes bien. Hacer esto es más fácil de lo que parece, es, de hecho, simple y divertido. Te sorprenderá cómo transformará la manera en la que otras personas se relacionan contigo. Conviértelo en un juego donde cada uno le señala a cada uno (de una forma divertida y sin juicios) cuándo está siendo negativa. ¿Quién puede salir con la mejor alternativa positiva?

Empieza inmediatamente a comprometerte a cambiar tu pensamiento interno y hábitos al hablar. Date cuenta de lo que ocurre...

"Puede que creas que eres responsable de lo que haces, pero no de lo que piensas. La verdad es que eres responsable de lo que piensas porque es solo a este nivel donde practicas elegir. Lo que haces viene de lo que piensas"

-MARIANNE WILLIAMSON, VOLVER AL AMOR: REFLEXIONES BASADAS EN LOS PRINCIPIOS DE UN CURSO EN MILAGROS.

RECONOCER Y SUPERAR LA BAJA AUTOESTIMA

¿Crees que tienes baja autoestima?

Si me hubieras preguntado eso hace diez años yo te hubiera dicho: "qué va". A la gente parece que le gusto, parezco ser socialmente segura de mí misma, luzco guapa y siempre estoy para una sonrisa. Sin embargo, me di cuenta de que en verdad me ayudaba de una copa o dos.

"AMA quién eres, abraza quién eres. ÁMATE a ti mismo. Cuando tú te AMAS a ti mismo, la gente puede de alguna manera darse cuenta de ello: pueden ver seguridad, pueden ver autoestima y, naturalmente, la gente se dirigirá hacia ti"

-L<small>ILLY</small> S<small>INGH</small>.

Sin mi apoyo social, me sentí consciente de mí misma, la conversación se agotaba y nada parecía divertido, no pensé que tuviera algo interesante para contribuir a la conversación. Años más tarde, mi marido siempre me introduciría como su increíble mujer y repetiría de memoria alguno de mis logros. ¡Arggg! Le odiaba cuando hacía eso. Su elogio me hacía sentir realmente enferma por dentro, porque no me sentía relacionada a la increíble mujer de la que él estaba hablando.

Mi "pequeña voz" estaría diciendo cosas como: "Sí, yo hice eso, pero lo hice hace diez años, ahora no podría hacerlo", "Desearía que él no lo hiciera", "¡Cambia de tema rápido!", "Ellos se darán cuenta", "¿Cómo puedo estar a la altura de esta increíble imagen?". Era mi principal miedo. "¡Ellos van a estar decepcionados!".

De hecho, me sentía INDIGNA del elogio que él depositó en mí. Lo que he aprendido hace poco fue que decía en serio cada palabra. Esa es la forma en la que él me ve, ¿así que por qué no puedo verla yo?

Al haber crecido como una triunfadora y al no estar en ese momento logrando las expectativas altas que yo tenía de mí misma en cualquier área (y que no lograba desde mi adolescencia), su elogio no era mi verdad. Lo que yo no sabía era que yo tenía baja autoestima, baja valoración y NO PODÍA PERMITIR QUE SU ELOGIO ENTRARA.

Lo interesante es que yo siempre había pensado de mí misma que era una persona segura, feliz y positiva. Ahora puedo apreciar que MI DIÁLOGO INTERNO ERA NEGATIVO.

No importa lo positiva que pensaba que era, inconscientemente mi diálogo interno negativo estaba constantemente menospreciando cualquier buen trabajo que estaba haciendo en la superficie. No me sorprende que tuviera desafíos.

Si tienes baja autoestima y problemas de valía personal (como yo tenía), podrías enfocarte en lo que no has conseguido, lo que no tienes, lo que no funciona, lo que encuentras difícil, razones por las que no puedes conseguirlo y en eso que quieres y necesitas que todavía no estás encontrando.

¿Esto te suena?

- ¿Encuentras difícil completar cosas?
- ¿Juzgas tu trabajo como insuficientemente bueno?
- ¿Quieres perder peso, parar de beber o dejar de fumar, pero no tienes la fuerza de voluntad para hacerlo?
- ¿Tienes problemas de deudas, pero no tienes los recursos para salir de ella?
- ¿Encuentras difícil pedir lo que quieres o necesitas?
- ¿Encuentras difícil pedir ayuda?
- ¿Hay algo que te gustaría hacer, pero no crees que te lo has ganado, que no lo mereces?

Si puedes relacionarte con alguna de estas preguntas, todo esto tiene que ver con tu baja autoestima y problemas de confianza.

La gente con éxito tiene la autoestima alta. Ellos no permiten que nada se interponga en sus caminos. Están seguros en sus áreas profesionales.

Piensa en la persona que más éxito tenga que conozcas. ¿Tiene dificultades en preguntar y conseguir lo que quiere y necesita? ¿Tiene alta o baja autoestima y valía personal?

Piensa en cualquier otra gente exitosa en cualquier entorno, ¿imaginas que tienen baja autoestima?

La gente realmente exitosa no se permite pararse por las cosas que paran a la mayoría de nosotros en la vida. Ellos tienden a tener autoestima alta y buscan soluciones más que enfocarse en los problemas. Siguen su conocimiento sin preocuparse de cómo podrían ser juzgados.

 Haz el EJERCICIO 5 – TRABAJANDO EN TU AUTOESTIMA en la página 221 ahora.

EL LENGUAJE PUEDE DETERMINAR LA CONFIANZA EN TI MISMA

La seguridad en uno mismo vendrá del lenguaje que uses. El lenguaje tiene el poder tanto de reforzar o debilitar tu autoestima. Así que es muy importante que llegues a ser consciente del lenguaje que usas en cualquier momento y preguntarte a ti misma: "¿Este lenguaje me está sirviendo o no?".

Yo no conseguí *ningún* éxito empresarial hasta que entendí esto.

Para los otros yo parecía muy segura y capaz, sin embargo, como dije antes, mi diálogo interno era negativo, crítico, juicioso y en general me hacía daño. Tenía baja autoestima y estaba debilitando mi confianza.

Ahora entiendo por qué rechacé el AMOR, por qué no podía tener éxito en alcanzar los objetivos que me marcaba, por qué no podía completar las tareas: "Nunca vas a ser lo suficientemente buena, nunca vas a terminarlo, ¿cuál es el motivo de malgastar más energía?", etcétera.

¿Lo vas pillando?

Simplemente ser consciente de cómo podrías haber estado involuntariamente saboteándote a ti misma hasta ahora es el primer paso. Al tomar acción de actualizar tu lenguaje mejorará tu autoestima.

> **CAMBIA TUS HÁBITOS DE LENGUAJE INTERNO Y CAMBIA TU VIDA.**

EL PODER DEL ELOGIO, LA APRECIACIÓN Y EL RECONOCIMIENTO

"Hay más hambre de AMOR y APRECIACIÓN en este mundo de lo que hay de pan"

-Madre Teresa.

¿Puedes recordar ser elogiada alguna vez cuando eras niña por un miembro de tu familia, un profesor o alguien mayor que amaras o admiraras? ¿Puedes recordar cómo te sentó eso? Te sentiste elevada, especial, apreciada, amada y probablemente querías hacerlo una y otra vez para repetir la experiencia. Es una experiencia tan elevada sentirse apreciada. Alienta las emociones positivas y aplica la idea de que dar y compartir es bueno.

Estamos dirigidos por nuestras emociones. Es nuestra relación emocional CON el dinero lo que lo hace tan fuerte. No el dinero en sí mismo.

Cuanto más reconozcas y aprecies la gente buena en tu vida y las buenas experiencias que tienes con ellas, más TÚ serás apreciada. Su autoestima crecerá a la vez que la tuya.

El reconocimiento y la apreciación son componentes claves para vivir como LOVE on LEGS.

Si eres empleado, gerente o dueño de un negocio y quieres mejores resultados, empieza reconociendo y apreciando los esfuerzos de tu equipo y ellos se implicarán más. Una pequeña apreciación y reconocimiento por lo que traen a la mesa lleva muy lejos.

Si ahora reconoces que a veces das por hecho a la gente que te importa, empieza a reconocerlos por las buenas cosas que hacen y las buenas cosas que traen a tu vida y observa cómo la relación con ellos mejora. Inténtalo con la gente que normalmente no aprecias y observa lo que ocurre.

"La gente trabaja por DINERO, pero va una milla más allá por el RECONOCIMIENTO, el ELOGIO y la RECOMPENSA"

-Dale Carnegie.

Rápidamente verás que la filosofía dentro del entorno de trabajo mejora a medida que se sientan amados y apreciados. Cuando la gente se siente amada y valorada, quiere dar más valor y AMOR.

POR AMOR A LA COMIDA

AMO la historia de una tienda de comida natural en Austin, Texas. El fundador la abrió para proveer a su comunidad productos naturales, nutricionales y saludables que en aquel entonces no estaban disponibles localmente. Él estaba haciendo su sueño realidad y valoraba y reconocía a su equipo por las contribuciones a este nuevo proyecto.

Consiguió conocer a sus clientes muy bien, los escuchaba, les suministraba productos por los que preguntaban y les proveía con el mejor servicio posible que podía. Amaba de verdad lo que hacía, valoraba y estaba agradecido a su equipo, a sus clientes fieles y a la comunidad que naturalmente desarrolló.

Solo un año después de su apertura, en 1981, ocurrió una tragedia. El río local se desbordó y partes de Austin, incluyendo su tienda, fueron inundadas.

El agua destruyó todo lo de dentro y, desafortunadamente, el fundador no tenía seguro de suelo. Lo que normalmente destrozaría un negocio joven no destrozó este. Los empleados y los clientes se negaron a dejarlo morir. Aparecieron en manadas para ayudarlo. Los clientes amablemente ayudaron, quienes habían sido parte de su comunidad, junto con su equipo, y vinieron a su rescate de forma voluntaria en momento de necesidad. Ellos recuperaron y reconstruyeron la tienda. Su equipo fiel trabajó voluntariamente hasta que él fue capaz de asegurar un préstamo y ser capaz de pagarles.

Preguntándole a un cliente (con sus rodillas profundas en barro y escombros, asistiendo en la misión de rescate) por qué estaba allí, la respuesta fue: "No estoy seguro de si viviría en Austin si la tienda no estuviera aquí, ha marcado una gran diferencia en mi vida".

El fundador John Mackey preguntó más tarde: "¿Cuántos negocios normales atraerían una manada de clientes y proveedores voluntarios a ayudarles en momentos de necesidad?". Mackey fue a abrir más tiendas por todo Estados Unidos y en el Reino Unido. Tiene ahora ingresos de más de 11 billones de dólares al año. Esta es la historia de cómo Whole Foods Market empezó. John se ha comprometido de por vida a seguir su corazón adonde lo lleve. Whole Foods Market es un negocio construido sobre el AMOR, colaboración y aprecio, razón por la cual ha sobrevivido y prosperado después del gran desastre de la inundación.

NO DEJES ENTRAR AL RECHAZO

¿Tienes miedo de ser rechazada? Si es así, ¿por qué permites que te afecte?

El rechazo es un profundo y enraizado miedo que se remonta a muchos siglos atrás. Pequeñas comunidades de gente tenían que coexistir y colaborar para sobrevivir. Si el comportamiento de alguien era inaceptable para la comunidad, eran expulsados y sus posibilidades de sobrevivir serían instantánea y dramáticamente reducidas.

El rechazo podía significar la muerte. Por lo tanto, era muy sensato vivir dentro de las reglas de la comunidad para sobrevivir.

¿Por qué tienes miedo del rechazo hoy cuando, incluso como individuo, tus posibilidades de sobrevivir son mucho mejores que antes en la historia? ¿Quizás el rechazo simboliza para ti que no eres suficiente en algo? Tal vez, ¿a un nivel básico tienes miedo de perder AMOR? ¿Tienes miedo de ser dejada vulnerable y expuesta al dolor? ¿Tal vez es un duro golpe en tu autoestima?

Tan pronto como aprendas a manejar todos los tipos de rechazo, darles la vuelta y aprender de ellos, más fuerte llegarás a ser y más autoestima crecerá.

"El Rechazo Humano es la Protección de Dios"

—Paula Hendricks.

A largo plazo, el rechazo te protege de algo o alguien que no estuvo allí para beneficiarte. Todo rechazo puede crear valiosas experiencias de aprendizaje.

La pregunta que tienes que hacerte a ti misma es: "¿Me convierto en víctima de este rechazo o puedo convertirlo en mi ventaja?".

Si quieres permanecer siendo una víctima por todos los medios, sé una víctima, pero ahora sabes que TÚ lo has elegido. ¿Tal vez es porque, como víctima, recibes más AMOR y atención de la gente? Puede que no sea el tipo de atención que quieres, pero es atención a pesar de todo. Mejor que nada. Piénsalo.

SIEMPRE tienes una opción y una opinión en el asunto.

El rechazo a menudo nada tiene que ver contigo (a menos que tú estés muy incómodo de alguna manera), y mucho más con la persona o grupo que te rechaza (el rechazador). Tú, de alguna manera, desencadenas miedos e inseguridades en ellos. Ellos no pueden lidiar con *sus sentimientos* y te apartan a *ti*. Así que no lo tomes personal.

Si te gustaría indagar más dentro de los diferentes escenarios de rechazo y entender que ser rechazado no tiene nada que ver contigo, échale un vistazo al **APÉNDICE 1** – página 263.

EL MIEDO A LA CRÍTICA

En los años 60 una joven pareja en Inglaterra fue lo suficientemente afortunada en dar a luz a una preciosa bebé. Ella era inteligente, muy bien educada y tenía una angélica cabellera de rizos dorados. Siempre conseguía la atención de sus padres, familia y amigos dondequiera que fuera. A pesar de la marca de nacimiento roja entre sus ojos, ella era irresistiblemente atractiva.

Rápidamente entendió que era una ventaja ser bien educada, inteligente y hacer las cosas verdaderamente bien. Ella era muy feliz. También era bueno hacer lo que le decían y daba lo mejor para comportarse bien dentro de los límites aceptables. SIEMPRE actuaba de una manera para permanecer a favor. ¡Era realmente una buena chica!

De hecho, llegó a estar tan asustada de ser regañada o juzgada por hacer algo mal (o incluso peor, ¡haber hecho algo estúpido! Ella sabía más que eso) que iría a extremos extraordinarios para cubrir alguna prueba de actividad inaceptable que podría hacer que la juzgaran duramente.

A pesar de que sabía que estaba mal, a medida que se hacía mayor aprendió a mentir para evitar enfrentarse a ser juzgada, castigada verbalmente o incluso decepcionar a la gente.

Ahora, ser pillada mintiendo era probablemente el peor crimen posible en su casa, era una estrategia de alto riesgo. Había un valor muy alto puesto a la honestidad en su casa y todavía el riesgo valía la pena para ella.

Al mentir, había una oportunidad estadística de que ella pudiera evitar el castigo y mantener su imagen de *buena chica*. Ser traviesa sería juzgado mal y castigado. Se dice que "¡palos y piedras pueden romper mis huesos, pero las palabras nunca me harán daño!", pero no en este caso. Ser reñida le causaba un dolor psicológicamente insoportable y era el miedo a ese dolor el que la llevaba a mentir.

> *"Si tienes las expectativas de que tengo que ser de una manera, entonces siento la obligación de ser de esa manera. La verdad es que yo no soy*
> *lo que tú quieres que sea.*
> *Cuando soy honesto y soy lo que soy, tú ya estás herido, estás enfadado. Entonces te miento, porque tengo miedo de tu juicio. Tengo miedo de que me culpes, me encuentres culpable, y me castigues"*
>
> —Miguel Ruiz, La Maestría del Amor.

Probablemente lo adivinaste, esa pequeña (me avergüenzo de decirlo) era yo. Incluso ahora hay veces que me siento queriendo mentir (para lucir bien). Tengo que revisarme a mí misma conscientemente. Es ridículo, una mujer inteligente de mi edad, con un claro sentido del bien y del mal, todavía siendo tentada por el lado oscuro para evitar críticas o juicios.

La diferencia ahora es que puedo sentir el miedo y atravesarlo. ¿Qué es lo peor que puede pasar, alguien se enfada? Ahora obtengo un increíble sentido de libertad cuando la verdad sale.

La vida es mucho más sencilla cuando cuentas la verdad. Toda la culpa y el miedo de ser descubierto se evapora instantáneamente.

Tengo que decir que mis padres eran (¡y ahora son!) los padres y abuelos más amorosos incondicionalmente, reconfortantes y comprensivos que *nunca* puedas imaginar. Soy muy afortunada. Todo ese miedo fue creado en mi propia mente de niña, NO debido a ellos. No tengo memoria de ningún suceso en particular que desencadenara este comportamiento, pero recuerdo mentir a la edad de ocho años.

CRÍTICA Y JUICIO

Al mirar tu vida en el pasado, ¿cómo te sientes si alguien critica tu trabajo, tu ropa o tu familia? ¿Cómo se atreven? ¿Lo tomas personal? ¿Te enfadas? ¿Los criticas de vuelta?

¿O ya has dominado tratar con la crítica?

Criticar y juzgar a otros de mala manera es muy destructivo. Sí, ha habido momentos en los que era severamente "regañada" por mis padres, pero yo me convertí en mi propia jueza. Todo tenía que ser lo mejor que pudiera, nada menos haría: los mejores dibujos, la mejor música, las mejores redacciones, la mejor estudiante. Cuando no podía ser la mejor, me criticaba y juzgaba por no ser lo suficientemente buena, guapa, etcétera. ¿Estás pillando este panorama?

EL AMOR ES LO QUE TODO EL MUNDO QUIERE después de todo. Como una joven niña, pensaba que atraías AMOR siendo muy buena, compartiendo todo justamente, siendo amable, siendo inteligente y siendo la hija perfecta, y lo era lo mejor que podía. Incluso hoy mi padre contará con adoración a cualquiera que escuche que yo era perfecta, incluso como bebé. Nunca lloraba, siempre sonreía. Nunca hacía un desastre con mi comida, todo entraba en mi boca, ni siquiera una miga dejaba.

Lo que no entendía al ser una niña pequeña era que el AMOR de mis padres era y siempre será incondicional. Es más, llevaba una competición por ese AMOR con mi hermano bebé, y más tarde una hermana. Creía que era un miedo profundamente asentado en la pérdida del AMOR de mis padres lo que conducía mi comportamiento.

Cuando llegué a ser adolescente, ya no quería vivir dentro del modelo de "hija perfecta" que había creado para mí misma, ya no me servía. Estaba cansada y frustrada por la completa fachada y las limitaciones del juego.

No era auténtico y realmente no quería mantenerlo, pero tampoco podía destruirlo. No podía siquiera decepcionar a mis padres. Yo sabía más, debía hacer más y todo el mundo esperaba más de mí.

Quería desesperadamente ceder a la presión social (todo el mundo se divertía mucho más que yo) y mis padres hicieron de todo para protegerme de eso. Siendo una buena chica, complacía sus deseos y me resentía a ellos al mismo tiempo.

Yo me apagué. No tenía el coraje para ser rebelde. Mi miedo a la crítica, al juicio y a la pérdida de su AMOR y respeto me paraba. Perdí todo el interés en el colegio y no me sentía atractiva.

De alguna manera me las arreglé para escapar a la universidad, no estaba en un buen sitio. No estaba deprimida, pero no era lo que sabía que podía ser. No se lo conté a nadie y no pedí ayuda (por el miedo al mal juicio).

Sensatamente mis padres intentaron ayudarme y estaban ahí para mí, pero yo no quería su ayuda y no pude contárselo. ¡Era lo suficientemente brillante para resolvérmelas! No necesitaba ayuda con nada.

En mis veintitantos, junto a la princesa Diana (de alguna forma pensaba que estaba en buena compañía), estaba atrapada en una batalla de conexión y desconexión con la bulimia durante años, lo que robó mi alegría y me mantenía escondida y reservada, el engaño se había convertido en una manera de vivir.

Lo tenía todo bajo control y era muy estricta con mi alimentación. Por primera vez desde pequeña estaba atrayendo la atención que quería. NADA iba a pararlo ahora. Era la única solución.

Temía las celebraciones familiares y Navidad, porque sabía que podían desencadenar un episodio. Perdería el control y me atragantaría con postres irresistibles que habían hecho especialmente para mí, porque sabían que estaba muy delgada y que los amaba. Mi cuerpo lucía bien, pero estaba hecha un desastre.

Sabía que era lo suficientemente lista y podría tener la fortaleza de carácter para pararlo, pero no podía. Me enfadaba conmigo misma, estaba siendo de voluntad débil.

Más tarde mi marido lo descubrió y me rogó que parara. Me negué a buscar alguna ayuda médica porque tenía miedo de tener un problema de "salud mental" en mis notas médicas (una enfermedad mental no luciría bien en una solicitud de trabajo). Él me amenazó con contárselo a mis padres.

Hubiera preferido honestamente haber muerto que someter a mis padres al dolor de la preocupación de la enfermedad de su hija, que se dieran cuenta de que su hija no era perfecta. ¡Yo era la fuerte y sensata, no podía causar a mis padres ningún problema!

Prometí resolverlo y parar inmediatamente. ¡Yo podía hacerlo!

Me las arreglé para controlarlo durante bastantes meses, pero los viejos hábitos se extendían durante momentos débiles, ¡más comportamiento engañoso y escurridizo!

Mis padres todavía no se enterarán seguro de esto hasta que lo lean, ¡aunque lo deben de sospechar! Mi madre se armó de valor una vez para preguntarme directamente si había tenido algún problema (unos años atrás) y yo solo mentí y dije: "¡NO!", (probablemente con una mirada que hubiera dicho "¿cómo puedes si quiera pensar eso?").

Lo siento mucho, mamá y papá. Estaba demasiado avergonzada.

Mis padres y marido hubieran hecho de todo para ayudarme. Ellos siempre estarán ahí para mí, AMOR incondicional. Yo aparté su AMOR. Lo quería hacer todo yo sola. Por supuesto demostrarme a *mí misma* que podía dominarlo todo.

Yo siempre he apartado ofertas de ayuda tanto como recuerdo. Me habían dicho que podía hacer cualquier cosa desde una edad temprana y lo tomé literal. Yo soy suficientemente fuerte y lista para hacer cualquier cosa por mí misma y por lo tanto tenía que hacerlo.

Nunca pedí ayuda y estaba muy *orgullosa* de ello.

¿No es irónico que, con el tiempo dado, puedes reconocer que lo que percibías en el pasado como tus fortalezas (en ese momento) resulten ser tus debilidades y puedan ser la causa de tu ruina?

Todas las cualidades que admiraba y por las que estaba orgullosa de mí misma me habían impedido preguntarme por lo que quería. Se dice que: "El orgullo viene antes de una caída".

Estaba atrapada en una prisión sin amor, de autocrítica y vergüenza, apartando el amor incondicional que estaba disponible para mí en cualquier momento, solo tenía que pedirlo.

¡Qué malgaste!

Si pudiera volver atrás a la edad de diez años, sabiendo lo que sé ahora, la única cosa que cambiaría sería PEDIR lo que necesitaba y permitirme recibir el AMOR que estaba ahí todo el tiempo. Mi vida estaría llena con mucha más felicidad y AMOR todo el tiempo. Nunca hubiera mentido.

La vida en casa hubiera sido mucho menos difícil para toda mi familia.

De todas maneras, no me arrepiento. ¡Ahora reconozco que superar la adversidad tiene sus propias recompensas *cuando aprendes de ello*!

"No deberías ver tus desafíos como una desventaja. En cambio, es importante que entiendas que tu experiencia enfrentándote y superando la adversidad es de hecho una de tus mayores ventajas"

-M͟ICHELLE O͟BAMA.

Si notas que tienes una tendencia a juzgar y criticar a otros, ¿puedes por favor leer cuidadosamente la siguiente parte?

MÁS JUICIOS Y CRÍTICAS

He aprendido que, si alguien te juzga de mala manera, no eres tú a quien está juzgando. Es normalmente un aspecto de ellos mismos (que ven reflejado en ti) del que tienen miedo y no les gusta. Hablamos de esto cuando tocamos antes el tema del rechazo.

Si están gordos, con miedo de estar gordos o han sido llamados gordos de niños, puede que juzguen abiertamente a cualquiera al más mínimo indicio de "bollo" al ser gordos.

Si piensan que no son amados, puede que critiquen a otros para hacer que no se sientan amados como ellos.

Si no se pueden permitir el último artículo de moda que sus amigos llevan, pueden pretender que no les gusta ese estilo y criticar la moda de sus amigos para hacerlos sentir menos felices sobre su nueva adquisición. ¿Pillas la idea?

Cuando alguien te critica a ti (o a tu trabajo), párate antes de reaccionar. ¿Es su problema que se está reflejando en ti?

Aunque pueda parecer personal insultarte, recuerda que es causado por un tema personal que tienen consigo mismos, que no han dominado ni entendido.

Cuando reconoces esto, el poder es sacado de su juicio. No pueden herirte.

¿Qué es lo que les ha causado realmente criticarte de esta manera?

> Criticar a otros viene del aspecto de ti misma que temes y rechazas. Es el aspecto de TI MISMA que ves en otros lo que juzgas mal.

Cuando aprendes a AMARTE a ti misma (todos tus fallos y peculiaridades), encontrarás que no tienes la misma necesidad de criticar a otros. Tú te amarás a ti misma mucho más al no juzgar a otros, haciéndote naturalmente más atractiva para los demás.

Finalmente, todo el mundo está buscando amor y el primer paso es AMARTE A TI MISMA INCONDICIONALMENTE. ¿Por qué hay tantas enfermedades psicológicas en nuestros tiempos modernos? Yo creo que es porque, debajo de todo, la gente está desesperada por el AMOR, la conexión y pertenecer, e irán a por los descomunales extremos para conseguirlo. Normalmente, completamente inconscientes de lo que los está llevando.

RESUMEN CAPÍTULO 3

- Mientras que una pareja puede añadir dimensiones dulces a nuestras ideas, nosotros, cada uno de nosotros, somos responsables de nuestra propia realización.

- La ÚNICA razón por la que no has conseguido AMOR y realización es que **no has elegido** AMOR y realización.

- Si tu diálogo interno es negativo, necesitas reemplazarlo con diálogo interno positivo. Si no lo haces, tu diálogo interno negativo debilitará todo lo que hagas.

- Tú tienes el poder de cambiar tu vida cuando cambias tu manera de pensar y de hablarte a ti misma.

- Para ser capaz de crear una relación amorosa con otros, primero tienes que transformar la relación que tienes contigo misma en una relación incondicionalmente amorosa y de aceptación.

- Si tienes baja autoestima, valoración y AMOR propio, no te enfoques en lo que no tienes, enfócate en tus fortalezas y en lo que tienes para mejorar tu valía personal.

- ¿Qué es lo que hace atractivas a las personas exitosas? Tienen generalmente autoestima alta y valoración personal. No dejan que nada se meta en su camino.

- Conviértete en consciente del lenguaje que utilizas en todo momento y pregúntate: "¿Esto me está sirviendo o no?".

- Puedes transformar tu vida cambiando tus hábitos de lenguaje internos.

- Cuanto más reconozcas, AMES y aprecies a la buena gente en tu vida, más TÚ serás AMADA y apreciada.

- Todo rechazo puede crear experiencias valiosas de aprendizaje.

- Si te encuentras a ti misma siendo una víctima de las circunstancias, TÚ en algún nivel has ELEGIDO eso. ¿Qué consigues siendo una víctima? ¿Amabilidad? ¿AMOR? ¿Atención?

- El rechazo normalmente no tiene nada que ver contigo, y mucho más que ver con la persona que rechaza y sus miedos e inseguridades. Así que no lo tomes personal.

- Una vez que hayas entendido que tienes una opción en cómo reaccionar al rechazo, vuelves a ganar el control. Nadie más tiene el poder sobre ti a menos que TÚ se lo des.

- Criticarte y juzgarte a ti misma y a otros de mala manera no es una cualidad muy atractiva, pero sí destructiva.

- Lo que criticas en otros es normalmente un reflejo de un rasgo en ti misma que no te gusta.

- Cuando aprendes a AMARTE a ti misma (todos tus fallos y peculiaridades), ya no tienes la misma necesidad de criticar a otros.

- Todo el mundo está buscando AMOR y el primer paso es AMARTE A TI MISMA INCONDICIONALMENTE.

Capítulo 4.

¿Quieres ser tu mejor versión?

"Nuestro miedo más profundo no es que seamos insuficientes. Nuestro miedo más profundo es que seamos poderosos desmesuradamente. Es nuestra luz, no nuestra oscuridad lo que más nos aterra. Nos preguntamos a nosotros mismos: '¿quién soy yo para ser brillante, atractivo, talentoso, fabuloso?'. De hecho, ¿quién eres tú para no serlo? Tú eres hijo de Dios. Tu conformidad no sirve al mundo. No hay nada de iluminado en encogerse para que otras personas no se sientan inseguras alrededor tuyo. Todos nosotros estamos hechos para brillar, como lo hacen los niños.

… Y a medida que dejamos que nuestra luz brille, inconscientemente damos permiso a otras personas a hacer lo mismo. A medida que nos liberamos de nuestro propio miedo, nuestra presencia automáticamente libera a otros"

-MARIANNE WILLIAMSON.

Lo creas o no, el AMOR es el conductor para todo y TÚ podrías inconscientemente estar empujándolo fuera más que atraerlo hacia ti.

Ha sido a través de un sistema de procesos y ejercicios que te han dado señales más profundas sobre ti y lo que quieres. Incluso has sido invitada a ver las cosas de forma diferente. También has tomado los primeros pasos al AUTODOMINIO y a aprender a AMARTE a ti misma: tal y como eres. Nada añadido, nada eliminado, solo tú.

¿Estás ahora motivada a tomar más acciones para llegar a ser incluso más atractiva en el amor?

Ni siquiera necesitas entender cómo funciona, solo saber que funciona.

Para empezar, ¿ha sido el AMOR o el miedo lo que ha conducido tus hábitos, comportamientos y disciplinas en tu vida hasta ahora?

El AMOR expandirá tus posibilidades y cuando vivas dentro de un contexto de AMOR, llegarás a ser ilimitada, cualquier cosa es posible.

El MIEDO te contraerá. Excepto para las personas más determinadas, se interpondrá en el camino de convertirte en la mejor versión de ti misma.

EL AMOR Y EL MIEDO NO PUEDEN COEXISTIR

Tus acciones y comportamientos están siendo conducidos por el AMOR y el MIEDO.

¿Qué es lo que temes que te ha estado parando de experimentar el AMOR que realmente quieres en tu vida hasta ahora?

La respuesta es sencilla, es el MIEDO en algún aspecto o forma.

Siempre es el MIEDO lo que nos impide conseguir lo que queremos, y a menudo no podemos verlo porque es disimulado y se esconde un nuestro punto ciego. Puede que necesites un poco de ayuda para identificar tus temores subyacentes.

Si no estás consiguiendo lo que quieres de la vida, sufrirás de al menos uno de los siguientes miedos.

LOS SEIS FANTASMAS DEL MIEDO

En su publicación icónica de 1937 *Piense y Hágase Rico*, Napoleon Hill identificó los Seis Fantasmas del Miedo y un séptimo trato humano limitante.

- Miedo a la Pobreza
- Miedo a la Crítica
- Miedo a la Enfermedad
- Miedo a la Pérdida del Amor
- Miedo a la Vejez
- Miedo a la Muerte

Susceptibilidad a las Influencias Negativas

Todos nosotros sufrimos una combinación de uno o más de estos miedos alguna vez que otra, en algún nivel… hasta que elegimos no sufrir.

¿Cuáles son los miedos que han estado poniéndose en tu camino ahora? ¿Lo vemos?

MIEDO A LA POBREZA

Este aparentemente es el miedo más común contenido, el que entra en juego cada vez que te dices a ti misma: "No me puedo permitir eso" o "Eso es muy caro", "¿Cómo podré alimentar a mi familia?", "¿Dónde encontraré agua limpia?", "No puedo caer en la deuda"; y cada vez que decides hacer algo sobre algo para "llegar a fin de mes". Incluso aunque no seas pobre.

Puede parecerte sensato y ahorrativo, pero en última instancia está impulsado por el miedo a la pobreza. Si no tuvieras miedo a la pobreza, harías y comprarías lo que fuese que tú quisieras a pesar del coste, porque tú lo eliges (aunque hay que decir, esto puede llevar a la deuda si no es respaldado por pactos). El miedo a la pérdida y el miedo a quedarse al margen (FOMO), ambos están bajo el paraguas del miedo a la pobreza.

Pregúntate a ti misma: "¿Por qué estoy en un trabajo que odio, empleando más de la mitad de mi vida con gente que normalmente no elegiría para estar rodeado?". Tú estás ahí por el dinero que te sostiene, por tus dependencias y el estilo de vida que te permite tener.

¿Qué hay debajo? ¿Por qué no cambias tu trabajo o montas tu propio negocio?

Quizás tienes un miedo a la pobreza escondido o miedo al fracaso (críticas) que te impide que lo intentes.

Probablemente has heredado una combinación de mentalidades de tus padres en cuanto al dinero y aprendiste de ellos para ser como ellos porque los respetas o para ser diferente porque no los respetas.

"Crecerá aquello en lo que te enfoques"

—Tony Robbins.

MIEDO A LA CRÍTICA

Este es el miedo sigiloso. Puede infiltrarse en tu vida sin que lo notes y socavar tu valor y confianza. Probablemente derivado de un incidente en tu vida muy temprano, cuando fuiste identificada como diferente o no suficiente de algo o fuiste regañada. (El Miedo al rechazo cae en esta categoría igual que el Miedo a la pérdida del AMOR).

- ¿Te sientes autoconsciente o nerviosa en la presencia de otros?
- ¿Encuentras difícil expresar tus propias opiniones claramente?
- ¿Haces cosas para complacer a otros?
- ¿Intentas impresionar a otros?
- ¿Te copias de la ropa de otros?
- ¿Fracasas al abrazar oportunidades de avanzar?
- ¿Tienes miedo al fracaso? ¿Qué hay sobre el miedo al éxito?
- ¿Tienes miedo de ser descubierta como la fuente de cometer errores?
- ¿Encuentras difícil comprometerte a un camino o a una persona en particular porque alguien podría cuestionar la sabiduría de tus elecciones?

Todos estos rasgos sugieren que, en algún nivel, tienes miedo a la crítica. Puede que NO tuvieras idea del efecto de este miedo hasta ahora. Podría haber estado acechando en tu punto ciego. Así que te invito a tomar una mirada más cercana y ser verdaderamente honesta contigo misma.

Una vez que consigas lo que está conduciendo y motivando tu comportamiento, puedes hacer algo sobre ello, porque realmente el miedo a la crítica está socavando todo lo que haces.

¿Por qué no le preguntas a esa persona joven y atractiva de salir a tomar un café? ¿Es que tienes miedo de que esa persona piense que eres muy vieja, demasiado directa o demasiado presentuosa?

¿Por qué no le preguntas a tu jefe por un aumento de salario? ¿Es porque tienes miedo de que diga que no o de que podría criticar tu trabajo, decir que no eres lo suficientemente buena o que no has estado el tiempo suficiente?

El miedo a la crítica a menudo te impide exponerte a ti y a tus proyectos en el mundo. ¿Puedes ver algunas áreas en tu vida dónde te está limitando ahora?

MIEDO A LA ENFERMEDAD

Crecerá aquello en lo que nos enfocamos. Si has estado alrededor de la enfermedad en el pasado, puede que tengas miedo de tratar con ello tú misma.

- ¿Te quejas de dolores?
- ¿Notas síntomas y consideras que podrían ser las primeras señales de alguna enfermedad?
- ¿Entraste en algún plan de dieta que te evite la enfermedad?
- ¿Eres hipocondríaca, siempre pensando que hay algo mal?
- ¿Evitas ciertas actividades para no hacerte daño?
- ¿Estás en el hábito de tomar pastillas y medicación para prevenir síntomas antes de que ocurran?

Si respondiste SÍ a alguna de estas preguntas en algún nivel tienes miedo de la enfermedad. Si empleas tu tiempo enfocando tu energía y tiempo en la enfermedad, la atraerás a ti.

La mente controla al cuerpo. La información que alimenta tu mente determina la forma en que tu cuerpo evoluciona y produce resultados.

MIEDO A LA PÉRDIDA DE AMOR

Este es el miedo emocional más doloroso. ¿Por qué las personas permanecen con parejas abusivas? ¿Qué tienen miedo de perder? Tienen miedo de perder la posibilidad de amor con esa persona.

¿Por qué la gente se enfada cuando sus seres queridos se van al otro lado del mundo? ¿Por qué los bebés lloran cuando los alejan de su madre? Similarmente, es el miedo a estar separado de una fuente de AMOR de la que hemos llegado a estar acostumbrados.

- ¿Se han comportado alguna vez tus hijos de una forma inusualmente mala cuando otros tienen tu atención? ¿Quizás cuando estás al teléfono o con una pareja nueva?
- ¿Te has sentido alguna vez celosa o amenzada por otros (por miedo a que alejen a tu pareja de ti)?
- ¿Te gusta ser el mejor amigo de todos y rodearte con amigos en cada oportunidad posible?
- ¿Tomas drogas sociales o bebidas alcohólicas para encajar o adormecer el dolor?
- ¿Odias cuando las personas se marchan o estar sola?

Todos estos pueden estar ligados al miedo de la pérdida de AMOR. Cuanto más baja sea tu autoestima y valoración propia, más propensa serás de que experimentes el miedo a la pérdida de AMOR.

MIEDO A LA VEJEZ

Este es un miedo masivo y lucrativo. Aprovecharse de este miedo está apoyando al mercado global masivo de antiedad, el cual está previsto con un valor de 200 billones de dólares globalmente en 2020.

- ¿Te miras al espejo cada día buscando señales de vejez y preocupada por nuevas líneas y arrugas?
- ¿Inviertes en los últimos e increíbles productos antiedad?
- ¿Eliges vestirte como alguien más joven que tú?
- ¿Te has disculpado alguna vez por la ralentización o por "hacerte viejo"?
- ¿Te has encontrado a ti misma echando a perder oportunidades porque eres demasiado vieja para eso? Si es así, tu miedo de envejecer te está limitando de alguna manera.

MIEDO A LA MUERTE

- ¿Te encuentras a ti misma enfocándote y preocupándote sobre la muerte más que abrazar las oportunidades que la vida te da?
- ¿Estás preocupada sobre morir y el efecto que eso podría tener sobre otros?
- Cuando estás enferma, ¿piensas incluso más en la posibilidad de morir que en la posibilidad de recuperarte?

Estos son síntomas del miedo a la muerte. Si piensas persistentemente que vas a morir joven, tu pensamiento empieza a programar tu mente, que es la que controla al cuerpo. Probablemente morirás a una edad más joven de la que podrías haber muerto ¡si hubieras dicho que vivirías hasta los cien!

Uno de nuestros queridos amigos siempre había bromeado sobre que estaría muerto cuando tuviera cincuenta y siete, como su padre. Para mi sorpresa, ¡así lo hizo! Colapsó y murió a la edad de cincuenta y siete. ¿Es posible que su enfermo y externo diálogo le haya programado su mente y su cuerpo para morir a esa edad? El poder de la autosugestión está enormemente subestimado.

> **"CRECERÁ AQUELLO EN LO QUE TE ENFOQUES".**

El séptimo miedo básico según Napoleon Hill es la SUSCEPTIBILIDAD A LAS INFLUENCIAS NEGATIVAS. Estas influencias podrían ser las personas con las que te rodeas y el entorno en el que estás, y las películas y material de televisión que ves. No descartes tu propio diálogo interno negativo (mira el Capítulo 3, página 48).

Para mí, el miedo a la crítica ha sido por ahora el miedo más destructivo y limitante en mi vida, especialmente el miedo al fracaso (¿qué dirá la gente?, ¿qué pensaría la gente?, ¿a quién vas a defraudar?).

Al escuchar mi "pequeña voz" interna sé que he sido susceptible a las influencias negativas. He restado importancia a mi inteligencia y mis talentos en el colegio para encajar desesperadamente y no ser criticada como la mascota del profesor.

No hice cosas estúpidas o arriesgadas para que mis padres no estuvieran defraudados. Este fue mi miedo a la pérdida de AMOR entrando en el juego.

¿Cuántos de los miedos mencionados arriba te han estado limitando a TI en tu vida? ¿Quizás todos en alguna medida? Escríbelos en tu diario ahora.

LOS MIEDOS QUE ME HAN LIMITADO SON:

_____

_____

_____

Liberarte a ti misma de todos los miedos deja espacio para que puedas crear por ti misma una vida extraordinaria llena de AMOR y cualquier cosa que busques.

Aquí hay tres pasos que te ayudarán a ir más allá de lo que se interponga en el camino:

PASO 1. RECONOCER TUS MIEDOS

Todo el mundo tiene miedos, es la manera en la que se relacionan con ellos lo que los diferencia. Una vez reconozcas que tienes alguno de estos miedos, tu habilidad para funcionar en tu mejor versión se convierte en una posibilidad. Comprueba cuál de estos seis miedos entra en juego cada vez que te sientas parada para seguir adelante. ¿Notas algún patrón?

PASO 2. SÉ CONSCIENTE DE CUÁNDO ESE MIEDO SALE

Siempre que te paras a ti misma de hacer algo que quieres es debido al miedo que está saliendo en ti. En cualquier momento que no haces algo que quieres o algo te está parando de que funciones dando lo mejor de ti (o de ponerte a ti misma delante), hay un miedo escondido que entra en juego.

El miedo no es real, es una prueba falsa aparentando ser real, algo en tu mente lo ha creado para protegerte de tu dolor mental, físico, espiritual y emocional. Cuando lo notes, puedes elegir pararlo en su camino o permitirle aferrarte.

> MIEDO = Prueba Falsa Aparentando Ser Real

PASO 3. TRABAJAR A TRAVÉS DE TUS MIEDOS (SIENTE EL MIEDO Y HAZLO IGUALMENTE)

Todos tenemos miedos. Algunas personas lo dominan. Eligen no permitirlo, lo paran en su camino. Otros trabajan a través de ellos y giran el miedo a su favor, y hay un tercero y final grupo, quienes se permiten a ellos mismos llegar a ser víctimas de ello y sufrirlo.

"Abrirse paso a través del miedo es menos temeroso que vivir con el mayor miedo escondido que viene de un sentimiento de impotencia"

-Susan Jeffers.

Cuando te abres paso a través del miedo que está presente, sentirás una sensación de alivio y empoderamiento a la vez que tus escondidos sentimientos de impotencia disminuyen, dejando espacio en tu vida para crecer con más coraje.

¿Qué es lo que crees que te ha estado conduciendo a ti hasta ahora? ¿Han estado tus acciones conduciéndote desde la desesperación o inspiración? En otras palabras, ¿son tus acciones dirigidas por AMOR o miedo?

Para llegar a ser la mejor versión de ti misma, necesitas mirar dentro de tus acciones ahora. ¿Por qué tomas las acciones que tomas? ¿Estás viviendo tu propósito o estás viviendo en las expectativas de otros?

¿Qué es eso que a TI te apasiona? ¿Qué te gustaría conseguir a TI en tu vida y qué te está frenando a la hora de hacerlo? ¿Tienes un propósito de completar o una causa que te gustaría apoyar? Esto podría ser tan simple como crear especiales y agradables relaciones donde quiera que vayas.

¿Por qué serás recordado?

> LOS CINCO GRANDES LAMENTOS DE MORIR (SEGÚN LA ENFERMERA PALIATIVA BRONNIE WARE) SON:
>
> 1. ***Ojalá hubiera tenido el coraje de vivir una vida verdadera para mí, no la vida que otros esperaron de mí.*** "Este fue el arrepentimiento más común de todos. Cuando la gente se da cuenta de que su vida está casi acabada y mira atrás, es fácil ver cómo muchos sueños se han ido insatisfechos".
>
> 2. ***Ojalá no hubiera trabajo tan duro.*** "Cada paciente hombre dijo: 'me perdí la juventud de mis hijos y la compañía de mi pareja'. Las mujeres compartieron este lamento, pero como la mayoría fueron de una generación más vieja, muchas no habían sido la fuente de ingresos. Todos los hombres que traté se arrepentían profundamente de emplear mucho de sus vidas en la rutina del trabajo".

3. Ojalá hubiera tenido el coraje de expresar mis sentimientos. "Muchos suprimieron sus sentimientos para mantenerse en paz con otros resultados que nunca alcanzaron su potencial. Muchos desarrollaron enfermedades relacionadas con la amargura y el resentimiento. La gente podría reaccionar malamente cuando cambias, pero al final sube vuestra relación a un nivel más saludable o libera la insana relación de tu vida".

4. Ojalá me hubiera mantenido en contacto con mis amigos. "Muchos han llegado a estar tan atrapados en sus propias vidas que han dejado amistades de oro irse pasados los años. Hubo muchos lamentos profundos sobre no haber dado a las amistades el tiempo y el esfuerzo que se merecían. Todos echan de menos sus amistades cuando se están muriendo".

5. Ojalá me hubiera permitido ser más feliz. "Muchos no se dieron cuenta hasta el final de que la felicidad es una elección. Habían estado muy estancados en viejos patrones y hábitos. El miedo al cambio les había hecho pretender para los otros y a ellos mismos que ellos estaban contentos cuando, profundamente dentro, tardaban en reír y tener boberías en sus vidas otra vez".

Fuente: Artículo del Huffinfton Post; "The Top Five Regrets of the Dying: A Life Transformed by the Dearly Departing by Bronnie Ware".

Si continúas viviendo la vida que estás viviendo ahora, sin hacer algunos cambios, ¿cuáles de los cinco lamentos podrías ver en ti misma al final de tu vida? ¿Ves algún otro lamento imprevisto?

Refiriéndonos al punto tres, si te has preguntado alguna vez si compartiendo tus emociones o suprimiéndolas te beneficiarías más, la respuesta es compartiéndolas. Suprimir las emociones puede manifestarse como enfermedad crónica. No le sirve a nadie.

¿Hay alguien de quien te sientas secretamente atraída y estás esperando que lo note? ¿Qué es lo peor que podría ocurrir si le hablas? ¿Te rechaza? Seguramente ser rechazada ahora y moviéndote a nuevos pastos es más saludable que años de dolor e incertidumbre que el AMOR no correspondido puede causar.

Esperar a ser elegida (probablemente) nunca traerá alegría. Si quieres que algo ocurra tienes que tomar algunas acciones para hacer que ocurra. Si estás en un aprieto emocional como este, te incito a que te armes de valor de sentir el miedo al rechazo y hacerlo igualmente; no pierdas tu vida esperando.

Pregunta las preguntas correctas para determinar si tu relación puede moverse en la manera que quieres. Si es un SÍ, genial, has atraído la alegría más pronto de lo que esperabas. Si es un NO, es mejor saber lo más pronto que estás perdiendo tu vida y ya después lamentarte. Sé agradecida por ese NO, porque te libera y crea espacio para nuevas posibilidades de AMOR.

TÚ *PUEDES* cambiar tu futuro cuando TÚ LO ELIJAS.

En los próximos capítulos determinarás lo que quieres hacer y trabajarás por hacerlo realidad. Cuando estás viviendo de la forma que completa tu propósito y estás haciendo lo que amas hacer, todo en tu vida mejorará.

Puedes convertirte en un ejemplo viviente de LOVE on LEGS en el mundo.

RESUMEN CAPÍTULO 4

- El AMOR expandirá tus posibilidades ilimitadas, todo llegará a ser posible.
- El MIEDO te contraerá y creará estrés (y posiblemente dolor y sufrimiento) en tu vida.
- Tus acciones y comportamientos están siendo conducidos bien por el AMOR o por el MIEDO; no pueden coexistir.
- La mayoría de nosotros sufre en algún nivel al menos una de las siguientes categorías de miedo: miedo a la pobreza, miedo a la crítica, miedo a la enfermedad, miedo a la pérdida de amor, miedo a la vejez, miedo a la muerte. Incluso podríamos ser susceptibles a las influencias negativas, todas las cuales nos impiden alcanzar nuestro completo potencial.

   MIEDO = PRUEBA FALSA APARENTANDO SER REAL
- Tres pasos para trabajar a través del miedo:
1. Reconocer cuándo el miedo sale.
2. Reconocer las circunstancias de cuándo sale.
3. Sentir el miedo y hacerlo igualmente.
- Te preguntaste si tus acciones están conducidas por el AMOR o el MIEDO.
- Miraste a los cinco grandes lamentos de la gente que se está muriendo, ¡si no quieres lamentarte más tarde de algo en tu vida, cambia tu pensamientos y hábitos ahora!

Capítulo 5.

¿Qué camino ahora?

"El propósito de la vida es convertirte en tu mejor versión"
-David C M Carter.

Si te estás preguntando cuál es el propósito de tu vida, solo mira tus acciones. Son un gran indicador de tu actual propósito si eres consciente de ello.

Si trabajas para pagar tu deporte, viajar alrededor del mundo, conseguir la última tecnología, financiar tu vida social o tus estudios, esto es un gran indicador de tu propósito actual. Pero piensa profundamente sobre esto: ¿estás actualmente completando tu propósito más alto?

¿Estás buscando algo más? ¿Algo que de verdad te inspire o te incite?

¿Podría ser tu conocimiento de gran valor para otros?

¿Has superado la adversidad en el pasado?

¿Puedes compartir tus experiencias de vida y lecciones aprendidas de ello de una manera inspiradora y poderosa? ¿Podría eso empoderar y liberar a otros en esa misma situación ahora?

Recuerda que alguno de los más inspiradores pensadores y líderes de negocio como Tony Robbins y Oprah Winfrey (y muchos más) crecieron de las lecciones que aprendieron para superar y sobrevivir terribles dificultades y sufrimiento. Sus propósitos inicialmente vinieron de encontrar una forma de sobrevivir a sus calvarios, entonces nunca tendrían que sufrir otra vez de esa manera.

Al haber sobrevivido a ello exitosamente, reconocieron el valor que sus enseñanzas podrían tener para otros. Ahora ellos ayudan. *Todas las acciones que toman están alineadas con sus propósitos en la vida*: ¡AMAR, servir y apoyar a otros en superar cualquier experiencia temerosa del pasado y prosperar! ¿Qué mejor propósito puede haber?

Estas personas han compartido estas lecciones e inspirado a millones de personas a tomar acciones positivas para mejorar sus vidas también.

Compartir es un servicio de AMOR a la humanidad.

Tony, Oprah y muchos otros son fantásticos seres vivos ejemplos de ser LOVE on LEGS en acción en el mundo, a pesar del terrible calvario y sufrimiento (que ningún niño debería experimentar), el cual hubiera roto a la mayoría de la gente.

Ellos AMAN lo que hacen, sus propósitos les inspiran y emocionan. ¿Puedes imaginar levantarte cada mañana sabiendo lo bien que lo estás haciendo, por ti misma y por otros?

¿Cómo de atractiva piensas que serías para aquellos a tu alrededor?

"Hay algunas preocupaciones que son universales. Todos quieren ser amados y todos quieren sentir que pertenecen a algún sitio del mundo. Todos quieren hacer algo y sentir cómo tienen un sentido de propósito"

-Tracy Chapman.

Si no tienes idea de cuál es tu **propósito más alto en la vida** o lo que realmente quieres, este capítulo se tornará a través de un propósito sistemático que te ayudará a identificar tus dones y tus valores y darte más claridad en una dirección que te llenará.

Si ya sabes cuál es tu propósito más alto, conseguirás aun así valor al hacer el ejercicio, ya que te resaltará otras pasiones que podrías haber olvidado.

Cuando trabajas con lo que AMAS, no parece trabajo, es una satisfacción. Y cuando estás en un estado de colaboración, naturalmente atraerás lo que quieres en la vida. Estarás "fluyendo".

 Haz el EJERCICIO 6 – LOS ROLES QUE HAS JUGADO Y CÓMO TE HAN MOLDEADO, página 225, para descubrir lo que ha moldeado tus comportamientos (buenos o malos) hasta ahora. Cuando los identifiques, podrás trabajar con ellos.

Aplica los comportamientos que te sirven para bien. Deja esos que no.

VALORES

"Cuanto más importante sea un valor, más alto será en tu

jerarquía de valores y más disciplina y orden asociarás con ello. Cuanto menos importante sea un valor, más bajo será en tu jerarquía de valores y menos disciplina y más desorden tendrás asociado con ello...

Cuando vives acorde a tus valores más altos, te conviertes en un genio inspirado y despierto. Cuando vives acorde a tus valores más bajos, necesitas motivación continua de fuera y suprimes a tu genio. Tu propósito o misión presente para la vida reflejará tus valores presentes más altos"

-John F. Demartini.

Tus valores son lo que te conducen. Si no sabes cuáles son, mira tus acciones y lo que prioriza en tu vida hoy.

¿Valoras la Libertad? ¿El AMOR? ¿La Familia? ¿La Información? ¿Los Viajes? ¿Amigos, Comida, Naturaleza, Coches, Conexión? ¿El Servicio? ¿Los Regalos? ¿La Salud y el Ejercicio? ¿Dinero? ¿Seguridad?

Escribe tus tres VALORES más importantes:

MIS TRES VALORES MÁS IMPORTANTES SON:

1._____

_____

2._____

_____

3._____

_____

EL FACTOR DE VALORES, de Dr. John F. Demartini, es un libro fantástico. Trabaja contigo para determinar tu *Única*

Jerarquía de Valores, que es clave para el empoderamiento y la apreciación propia.

Como yo, ¡podrías estar muy sorprendida! Mi valor más alto ha resultado ser AMOR. No lo había ni escrito en mi lista de valores cuando empecé este camino (estaba en mi punto ciego).

Si tú no estás viviendo verdadera a tus valores, o estás viviendo bajo los valores de otra gente, estarás perdiendo tu poder y te sentirás incompleta.

Puedes determinar tus valores en la página web **www.drdemartini.com** e ir a través de su PROCESO DE DETERMINACIÓN DE VALORES DEMARTINI, el cual te ayudará a establecer tu jerarquía de valores identificando lo que es *realmente* importante para ti ahora.

En cualquier momento que estés "fluyendo" no estás solo haciendo una actividad alineada con tu sistema de valores, sino que incluso deja de contener miedos para ti, viene fácil y naturalmente.

¿Cómo puedes elevar este valor para ayudar a otros mientras que eres compensada en una forma que te sustenta a ti y a los tuyos?

 El EJERCICIO 7 es uno de los más poderosos e importantes ejercicios que TÚ HARÁS. ¡Tan poderoso que lo he mantenido en el cuerpo del libro en vez de en la sección de ejercicios para que no lo esquives! Hazlo en este libro o en tu diario.

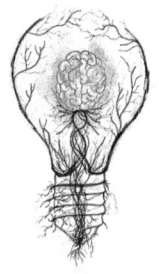

EJERCICIO 7.

Determina tu Pasión y Propósito

Este simple ejercicio de tres pasos te llevará sobre 15-30 minutos. No puedo resaltar más fuerte que es probablemente el ejercicio más importante que HARÁS. Subrayará tus pasiones y propósito, las actividades que te llevarán a tu fluidez, y te hará sentir emocionada sobre tu vida otra vez.

PASO 1. IDENTIFICA LO QUE AMAS HACER

Necesitarás al menos tres hojas de papel A4.

1. Vas a crear una LISTA 1 sobre un papel A4, primero escribiendo muchas (cuantas más mejor) cosas posibles que amas y te divierten hacer. Todo lo que AMARÍAS hacer si tuvieses tiempo y el dinero más extravagante. No seas tímida, no vas a tener que compartirlo. Usa los 3 minutos completos.

Deberías tener al menos treinta actividades, si no, aquí hay algunas incitaciones para que realmente consigas estar enfocada: tu vida diaria, comida y bebida, trabajo, vacaciones, viajes, tecnología, transporte, tu trabajo, calidad de tiempo con tus hijos, salidas, naturaleza, caminar con el perro, bailar, yoga, cine, socializar, construir, hobbies, deportes, hacer el amor durante seis horas seguidas, actividades de equipo, entretenimiento, etcétera.

2. Dale a cada una un número por orden de preferencia (1 = la cosa que más amas, 2 = la siguiente cosa favorita, etcétera).

3. Transfiere la lista en orden de preferencia en una tabla llamada LISTA 1 (mira el siguiente EJEMPLO DE LISTA 1).

4. Mira bien tu LISTA 1. Al lado de cada cosa, escribe cuántas horas a la semana dedicas a cada actividad.

EJEMPLO DE LISTA 1

	Cosas que YO AMO hacer	Horas a la semana
1.	Tiempo de calidad con mi pareja a solas	2
2.	Bailar	0
3.	Artes Marciales	0
4.	Desarrollo personal, lectura, aprendizaje	7
5.	Socializar con amigos	3
6.	Tiempo divertido de calidad con la familia	5

7.	Gimnasio y salud	6
8.	Descansar en un mañana de domingo	1
9.	Masaje Tai	0
47.	Leer historias para dormir a los niños	2

Horas totales haciendo lo que YO AMO = 26

LISTA 1

Cosas que YO AMO hacer	Horas a la semana
1.	
2.	
3.	
4.	
5.	
6.	
7.	
8.	
9.	
10.	
11.	
12.	
13.	
14.	
15.	
16.	

17.	
18.	
19.	
20.	
21.	
22.	
23.	
24.	
25.	
26.	
27.	
28.	
29.	
30.	

Horas totales a la semana haciendo cosas que YO AMO = _____

PASO 2. LO QUE NO TE GUSTA (O INCLUSO ODIAS) HACER

1. Haz una segunda lista extensa, LISTA 2, sobre otra hoja A4 de todas las cosas que no te gustan u odias hacer. Usa los 3 minutos completos otra vez.

De nuevo deberías tener una extensa lista a menos que hayas dominado la mayoría de los aspectos de tu vida.

Ejemplos: quehaceres de la casa, hacer tu contabilidad, ir al supermercado, estar en bancarrota, vender, burlas, conducir al trabajo, groserías, lavar el coche, jardinería, ir a visitar a la familia, correr al colegio, esperar por la gente o el transporte, sexo, abrir el correo, fiestas de disfraces, tu trabajo, llegar tarde, las noticias, los niños al teléfono, etcétera.

2. Pon un número al lado de cada actividad para desaprobar y transferirlos a la tabla llamada Lista 2, luego escribe el número de horas empleadas haciéndolas, como antes (mira el siguiente ejemplo):

EJEMPLO DE LISTA 2

	Cosas que no me gusta hacer	Horas a la semana
1.	Conducir al trabajo (2 horas ida y vuelta)	20
2.	Mi trabajo	50
3.	Cursos de entrenamiento *online*	3
4.	Conseguir que los niños hagan sus tareas	3
5.	Jardinería	2
6.	Quehaceres de la casa	7
7.	Llevar mis gastos	1
8.	Llamadas de conferencia en mi tiempo libre	2
32.	Planchar mi ropa del trabajo	2

Horas totales haciendo lo que *NO* disfruto = 90

LISTA 2

Cosas que no me gusta hacer	Horas a la semana
1.	
2.	
3.	
4.	
5.	
6.	
7.	
8.	
9.	
10.	
11.	
12.	
13.	
14.	
15.	
16.	
17.	
18.	
19.	
20.	
21.	
22.	
23.	
24.	
25.	

26.	
27.	
28.	
29.	
30.	

Horas totales a la semana que hago lo que odio = _____

PASO 3. ¿CON CÚAL DE TUS PASIONES PODRÍAS HACERTE UNA VIDA Y PROSPERAR?

Vuelve a la LISTA 1, las cosas que AMAS hacer.

1. Marca con una cruz lo que sea de la Lista 1 que involucre cualquier cosa que no te guste hacer.

2. Por cada cosa que quede de la Lista 1, pregúntate: ¿seguirías haciéndolo si no fueras pagada por ello? Si la respuesta es NO, ponle una cruz.

3. Por cada cosa que queda en la Lista 1, pregúntate a ti misma: "¿Continuaría estando inspirada si hiciera esto cada día?". Otra vez si la respuesta es NO, táchala.

4. Por cada cosa que queda en la Lista 1, pregúntate a ti misma: "¿El tiempo vuela cuando estoy haciendo esto?". Si la respuesta es NO, táchala.

5. Por cada cosa que quede en la Lista 1, pregúntate a ti misma: "¿Podría hacer dinero haciendo esto?". Si la respuesta es NO, táchala.

¿Con qué te quedas? Con esperanza, ¿te quedan entre una y tres actividades?

Lo que sea que quede en la lista son actividades donde tú te sientes más feliz e incluso puedes ganarte la vida con ello si quisieras. Estas actividades que permanecen están totalmente alineadas con tus valores y son las áreas en las cuales vas a prosperar.

Las actividades que ponen a mi corazón a cantar son:

_____

_____

(Copia esta frase con tus respuestas en tu diario y subráyalo).

¿Qué (si hay algo) te va a parar para que hagas el cambio más transformador en tu vida ahora?

Tienes 168 horas en una semana. Quítale 49 horas para dormir y te quedas con 119 horas despiertas a la semana.

¿Cuántas de esas 119 horas a la semana estarás usando para hacer cosas que no te inspiran?

Si estás empleando más de 70 horas a la semana desplazándote hacia y desde un trabajo que ni siquiera te gusta, es casi un 60% de tu vida despierta haciendo cosas que no te gustan para completar las expectativas de los demás. ¿Crees que eso es bueno para ti?

> **AVISO PARA LOS TRABAJADORES QUE SE DESPLAZAN:**
>
> *¡Despierta!*
>
> Si estás trabajando en un trabajo duro que particularmente no te gusta con un desplazamiento duro, este trabajo está lentamente matándote por dentro.

Mira a tus compañeros que viajan frecuentemente, el 99% de ellos ¡son muertos vivientes!

Sin expresión, sin emoción, cabezas perdidas en la tecnología o en las noticias, adormecidas y pasando el tiempo. Humanos programados que funcionan para el beneficio de los bolsillos de otras personas, para conseguir dinero para cubrir las facturas, las deudas y cualquier otro compromiso. ¿Es esto sobrevivir o prosperar?

No es de extrañar que haya una epidemia de depresión en el mundo moderno. ¿Te sorprende que mucha gente se pase al alcohol y otras sustancias de alteración de la mente para liberar y escapar del dolor, para sobrevivir? Cuando el 60% de tu vida está llena de cosas insatisfactorias, ¿te sorprende que no te sientas completa?

Jim Rohn (el filósofo americano de negocio más antiguo) solía decir: "¡Te estás especializando en cosas menores!". No me extraña que encuentres difícil experimentar el AMOR. ¿Cómo puedes amarte a TI MISMA o a cualquiera?

¿Cómo puedes ser naturalmente atractiva cuando estás insatisfecha?

Tiene que haber algo mejor, ¿verdad?

NO DESPERDICIES TUS DONES. NO DESPERDICIES TU VIDA.

Tus niveles de estrés serán aliviados y tu depresión podría milagrosamente desaparecer cuando vives alineada a tus pasiones y propósito. Los dolores de espalda y otras condiciones paralizantes psicosomáticas y enfermedades pueden desvanecerse durante la noche una vez que cambies tu estilo de vida.

Habiendo hecho el EJERCICIO 7, ¿cómo puedes reutilizar este nuevo tiempo si no estuvieras trabajando de una forma que te servirá? ¿Qué nuevas posibilidades ha abierto para ti el EJERCICIO 7?

¿Tuviste alguna nueva idea sobre cómo puedes trabajar para ti misma? ¿Es un emocionante proyecto? ¿A quién vas a involucrar en esta idea?

Tendrás razones para hacer un trabajo o llevar a cabo compromisos que no te divierten que parecen perfectamente válidas: tienes una hipoteca, ayudar a los niños, la cuota del colegio, costes de vida, los pagos del coche, deudas y vacaciones a pagar. PERO, ¿qué hay de ti? Si tú solo tienes una vida, ¿no quieres vivirla a tope?

TÚ FELIZ > FAMILIA FELIZ > VIDA FELIZ

¿Por qué no revisas tu vida ahora y empiezas a pensar cómo puedes mejorarla? Cuando tú AMAS tu vida eres más que capaz de dar y recibir AMOR de todos aquellos que te rodean.

¿Entiendes cuánto más atractiva llegarás a ser cuando empieces a disfrutar realmente de la vida?

Cuando hice este ejercicio, tuve un impacto enorme de lo poquito que estaba haciendo las cosas que amaba hacer y CUÁNTO tiempo estaba empleando en hacer cosas que no me gustaban. Estaba empleando una gran proporción de mi tiempo forzándome a mi misma a hacer cosas mundanas, laboriosas y poco inspiradoras para cumplir las expectativas de otras personas.

Estas cosas me tomaban el tiempo necesario para hacer lo que yo realmente amaba hacer y nunca hice. En el mundo de hoy de elecciones continuas eso parece una locura, ¿verdad?

Estas percepciones finalmente me llevaron a darme cuenta de que estaba actuando de forma limitada. Tenía mucho más que ofrecer. Cambié completamente la forma en la que estaba usando mi tiempo, en lo que me enfocaba y con quién me juntaba. Empecé a elegir cosas que yo AMABA hacer sobre cosas que eran esperadas de mí.

Fue de ESTE EJERCICIO del que nació LOVE on LEGS. Me di cuenta de que mi propósito es traer más AMOR y alegría al mundo, con todos los que me encontraba y a todos lados donde iba. ¡LOVE on LEGS es quién soy!

De la misma manera que todo el tiempo que empleas haciendo cosas que amas te está alimentando, el tiempo que empleas haciendo cosas que te disgustan ¡te mata lentamente! Están matando tu espíritu, matando tu mente y matando tu cuerpo, lo creas o no.

"Tu trabajo va a rellenar una gran parte de tu vida, y la única manera de estar verdaderamente satisfecho es hacer lo que crees que es un trabajo increíble. Y la única manera de hacer un trabajo increíble es amar lo que haces. Si no lo has encontrado todavía, sigue buscando. No te acomodes. Como todos los asuntos del corazón, lo sabrás cuando lo encuentres"

-*STEVE JOBS.*

¿Sabes AHORA cuál es TU propósito más alto?

¿Al servicio de para quién o para qué estarías dispuesta a estar?

¿Qué conocimiento especializado o talentos has redescubierto que estaban quemados bajo los pilares de responsabilidad que han controlado mucho tu vida hasta ahora?

¿Qué puedes ofrecer que podría ser de valor a otros?

SÉ EL CAMBIO QUE QUIERES VER EN TU VIDA Y EN EL MUNDO.

Abre tus ojos a lo que es posible. Toma el control y nunca permitas que otros dicten tus decisiones y elecciones de aquí en adelante.

Tomará coraje y puede ser que no les guste a las personas que te rodean, pero merece la pena. No me malinterpretes, puede que requiera trabajo duro al principio, sin embargo, tu vida será mucho más fácil, menos estresante y atraerás nuevos amigos que de verdad AMEN y estén alineados con la persona real, nueva, auténtica y empoderada que eres tú.

Conviértete en LOVE on LEGS en el mundo y permite que los milagros ocurran en tu vida.

RESUMEN CAPÍTULO 5

- EJERCICIO 6, p. 225, identificaste la fuente de tus comportamientos a través de los roles que has jugado hasta la fecha. Has identificado el comportamiento y hábitos que ya no te sirven. Ahora los reconoces, tienes el poder de elegir si permites esos comportamientos que te limitan en cualquier momento.

- Estás actualmente sirviendo a un propósito el cual estará claro cuando analices tus acciones, pero ¿**estás sirviendo a tu propósito más alto**?

- "*Si no lo has encontrado (tu propósito más alto) todavía, sigue buscando. No te acomodes. Como todos los asuntos del corazón, lo sabrás cuando lo encuentres*" – Steve Jobs.

- Hiciste el EJERCICIO 7, página 93, uno de los ejercicios más poderosos e importantes que HABRÁS HECHO. Te recordaste tus dones y talentos naturales e identificaste TU propósito más alto.

- Sé el cambio que quieres ver en tu vida y en el mundo.

Capítulo 6.

¿Podrías, por favor?

"Puedes hacer CUALQUIER COSA, pero no puedes hacerlo TODO"

-DAVID ALLEN.

Este es ciertamente un capítulo corto, pero MUY importante. La mayoría de nosotros estamos hambrientos de tiempo, pero ¿estamos pidiendo ayuda? ¿Estás preguntando por toda la ayuda que quieres y necesitas o estás haciéndolo todo tú misma?

Como descubriste previamente estás empleando demasiado tiempo haciendo cosas con las que no disfrutas o con las que no eres buena.

¿Eres la única persona que puede hacer estas tareas?

NO. Con cualquier cosa que podrías pensar, hay otros que pueden hacer lo que haces o que pueden ser entrenados para hacerlo.

> *"El éxito viene de delegar, tomar riesgos y pasarlo bien"*
> —RICHARD BRANSON.

De mi lista de cosas, hice lo que odiaba, limpiar fue lo peor, ¡lo odiaba! Los baños, las duchas, y la cocina en particular, me llevaría horas limpiarla adecuadamente. Dentro de unas cuantas horas volvería a estar sucia de nuevo.

Me hizo miserable. Cielo santo, no podía ni conseguir que algo tan simple me hiciera estar completamente satisfecha. Qué poco gratificante y desagradecida manera de malgastar mi tiempo.

Entonces no me permitía a mí misma hacer las cosas que amaba hacer porque no me lo merecía, ya que no había hecho lo que *debería* haber hecho. No me lo merecía.

Afortunadamente, un amigo me dijo: "Por el amor de Dios, ¡consigue personal de limpieza!", y me recomendó la suya. Esta persona era increíble y muy buena en su trabajo. Lo que yo le pagué a ella por 2 horas de trabajo me liberó a mí de unas 8 horas. Creé un día más para mí misma, el cual yo podía llenar con actividades satisfactorias.

Fue una ganar-ganar para la persona de limpieza, mi familia y yo. ¡Ella consiguió ser pagada por lo que amaba hacer y todos estuvieron felices porque yo estaba más feliz!

A menudo vacilaba con que ella era mucho más que de limpieza: probablemente salvó mi matrimonio. ¿Por qué no lo hice antes?

"Solo haz lo que Tú solo puedas hacer"
–Paul Sloane.

HAY SIEMPRE ALGUIEN AHÍ FUERA QUE AMARÍA SER PAGADO POR HACER LO QUE TÚ ODIAS. ¡¡DELEGA LO QUE ODIAS!!

¿Por qué no VOLVER A PENSAR y RESETEARTE a ti y a tu vida ahora?

Haz solo lo que TÚ necesitas o AMAS hacer.

 Haz el EJERCICIO 8 – DELÉGALO TODO, página 233.

"TÚ no tienes que HACERLO TODO, solo porque puedas no significa que debas".

Puede que no seas capaz de delegar un trabajo y un compromiso directamente, pero puedes delegar la jardinería, pasear al perro, lavar el coche, y otras tareas que roban el tiempo si no lo disfrutas.

¿Qué posibilidades abre esto ahora para ti? ¿Cómo de satisfactoria sería tu vida? ¿Piensas que serías una persona más divertida de la que rodearse? ¡SÍ!

Te sentirás mucho más feliz, más llena y menos sobrecargada, ya que tendrás más tiempo para hacer lo que amas hacer. ¡Tendrás más diversión, te reirás más y naturalmente atraerás más gente amable como tú! Atraerás más AMOR por la manera en la que estás siendo, alegre, amable y plena.

¿Suena esto como algo que quieres intentar?

HAZ – CONSIGUE +.

Si quieres conseguir ALGO de forma exitosa, si quieres aprender y crecer en tu vida, tienes que aprender a poner tu CONFIANZA EN LOS OTROS para hacer las tareas que no necesitas hacer.

Ten a otros apoyándote en tu desarrollo. Haz espacio para que TÚ te expandas.

¿Por qué perder el valioso tiempo haciendo cosas insatisfactorias?

¡PERO YO NO SOY BUENA DELEGANDO!

Si no eres buena en delegar, pregúntate a ti misma por qué. ¿De qué tienes miedo?

- ¿Tienes dificultades para dejar ir el control? (miedo al fracaso y a la crítica)
- ¿Piensas que eres el único que puede hacer las cosas a tu manera?
- ¿No puedes permitirte pagar para que otros lo hagan? (miedo a la pobreza)
- ¿No mereces ser ayudada? (baja autoestima)
- ¿Eres capaz de hacerlo tú misma y así mantienes los costes bajos?
- ¿Tal vez no confías que otros hagan el trabajo adecuadamente?
- ¿AMAS aparentar que eres brillante en todo?
- ¿No quieres parecer incapaz o perezosa?
- ¿Quieres aparentar ser irremplazable e inestimable?

¡Tal vez no es nada de lo de arriba!

Lo que sea, piensa otra vez. Toda la gente exitosa delega. ¡La gente más exitosa delega todo! Son maestros de la delegación y delegan muy a menudo a la gente que es más capaz que ellos en un área en concreto. SOLAMENTE HACEN LO QUE NECESITAN HACER y lo que les nutre en el tiempo que les sobra.

"Contrata a gente que es mejor que tú, déjales conseguirlo. Encuentra personas que miran por lo notable, quienes no se quedan en la rutina"

-DAVID OGILVY.

Si no eres buena delegando, llega a ser buena en ello y ¡empieza ahora! Desearás haberlo hecho antes. Aprende esta habilidad en tu casa y en el tiempo y transformará tu vida y tu bienestar más allá de lo que te imaginas.

Aprendiendo el arte de delegar crearás más tiempo para lo que eres mejor y lo que AMAS hacer, crearás más espacio para el AMOR en tu vida.

¡EMPIEZA A DELEGAR AHORA!

DELEGAR ES UN PROCESO DE DOS

La buena delegación deja a todas las partes empoderadas. La comunicación clara es la clave para delegar. Podrías no darte cuenta de que delegar es un proceso de dos entre:

1. La persona que delega la tarea
2. La persona o el equipo al que esa tarea es delegada (recibidor)

Ambos son igualmente responsables de completar exitosamente una tarea.

LAS RESPONSABILIDADES DEL QUE DELEGA:

Cuando delegas, es TU responsabilidad asegurarte de que el recibidor entienda completamente lo que es requerido:

- La tarea, claramente definida.
- Cualquier restricción de tiempo.
- Cualquier requerimiento especial.
- Cualquier instrucción o entrenamiento especializado que podría ser requerido.
- Y lo más importante, CONFIRMACIÓN al efecto.

LAS RESPONSABILIDADES DEL RECIBIDOR:

El recibidor de la tarea delegada es responsable de hacer preguntas en caso de alguna duda sobre la tarea.

- La tarea, confirmar que ha entendido completamente lo que es requerido.
- Traer cualquier asunto desconocido a la atención del que delega lo antes posible.
- No asumir nada, confirmarlo todo.

Ambos son responsables de mantener al otro actualizado de cualquier reto y progreso.

Si eres dueña, tienes un negocio o llevas a cabo un rol de liderazgo dentro de los negocios de alguien, encontrarás la siguiente sección muy útil.

TRABAJA **SOBRE** TU NEGOCIO
NO **EN** TU NEGOCIO

"Si realmente quieres crecer... tienes que aprender a delegar"

—RICHARD BRANSON.

Lo que Richard y otros grandes líderes de negocio saben es que, para hacer negocio con éxito, necesitas delegar cualquier cosa posible.

TÚ eres el titular de la visión; ves claramente hacia lo que estás trabajando. Sabes lo que tiene que ser hecho y para cuándo. TÚ mantienes todo centrado. Si los problemas surgen (y surgirán), tu cabeza necesita estar aclarada para crear soluciones, y, cuando las cosas se ponen difíciles, necesitas comunicarte y guiar a tu equipo con simpleza y claridad.

No es coincidencia que la mayoría de los líderes de negocio más inspiradores y exitosos son grandes comunicadores.

"No seas una cabeza hueca. Si un asunto no es una decisión del presidente o tuya, delégala. Forzar la responsabilidad hacia abajo y hacia fuera. Encuentra áreas de problemas, añade estructura y delega. La presión es hacer lo contrario. Resístelo"

-DONALD RUMSFELD, *13 Y 21* SECRETARÍA DE DEFENSA DE EE. UU.

Como Rumsfeld apunta, la presión puede ser hacer las tareas del delegado tú misma. ¡Resístelo! Solo porque puedas no significa que debas. Haz solo lo que necesitas y AMAS hacer. Si estás ocupada concentrándote en una tarea que podía haber sido delegada, tu ojo está fuera de la bola. Es cuando estás demasiado ocupada y no enfocada en el objetivo final cuando priorizas las cosas incorrectas.

DELEGAR EN CASA

Otra vez te repetiré, en caso de que no haya profundizado: delega en tu casa también, porque, en el esquema de la vida, la casa es donde el corazón está. Es donde deberías encontrar paz, amor y nutrición, ¿no estás de acuerdo?

Si trabajas y quieres más tiempo libre para ti, delega lo que no te gusta hacer y usa ese tiempo para disfrutar contigo misma. Tiene sentido, ¿verdad? No emplees tu valioso tiempo limpiando baños y planchando cuando alguien estaría agradecido por el trabajo. ¿Podría conseguir estar hecho en la mitad del tiempo y en un estándar mejor?

> **No puedes permitirte NO delegar, ¿verdad?**

Incluso si no trabajas y estás manteniendo una casa o cuidando de otros, mira lo que PUEDES delegar. La gente QUIERE contribuir, pues se sienten valorados. Si cuidas de alguien mayor o enfermo, busca cosas que PUEDAS delegarles.

Mi difunta y querida abuela AMABA pulir la plata y el latón (yo no heredé ese trato de pulir... o la plata). Cuando ella venía a quedarse, si los trofeos de papá necesitaban ser pulidos (los cuales siempre lo necesitaban), ella AMARÍA hacerlo y sentiría la satisfacción de contribuirnos a nosotros. Una situación ganar-ganar.

Por favor, considera delegar simples y seguras tareas de la casa a tus niños. Los niños pequeños AMAN que se les permita hacer lo que los adultos hacen y AMAN ser reconocidos por la ayuda. Te sugiero que lo trates como un juego y no como una tarea. En la edad antes del colegio están receptivos a aprender y quieren hacer las cosas que tú haces, así que enséñales a hacer un trabajo adecuado mientras están receptivos. ¡Será demasiado tarde cuando tengan ocho años!

> La delegación empodera AMBAS partes.
>
> Permite a la gente contribuirte, es señal de fortaleza (no una debilidad).
>
> Crea situaciones de GANAR–GANAR.

Si inviertes el tiempo extra que has adquirido dentro de un nuevo proyecto o algo que disfrutas que podría darte un ingreso, ese dinero podría pagar a alguien para que haga esos trabajos.

Los beneficios de estar tú más feliz y satisfecha no solo te benefician a ti, sino a todos aquellos que viven alrededor tuyo.

Tu entorno entero mejora cuando TÚ estás feliz y satisfecha: tu trabajo, tu salud, tus relaciones… la vida en sí misma consigue ponerse mejor y mejor y la gente AMA estar a tu alrededor.

Nadie quiere estar alrededor de víctimas que sufren por largo tiempo, ¿verdad?

La gente es naturalmente más atraída por aquellos que exitosamente disfrutan la vida.

 Haz el EJERCICIO 9 – EJERCICIO DE DELEGACIÓN PARA PERSONAS HAMBRIENTAS DE TIEMPO, página 235. Si estás desesperada por más tiempo y trabajas duro (especialmente si eres padre), este ejercicio es un ¡DEBER! Este ejercicio te ayudará a crear más tiempo en vuestras vidas para las cosas que realmente importan.

RESUMEN CAPÍTULO 6

DELEGA TODO lo que no necesitas hacer tú misma.

> *¡TÚ no tienes que HACERLO TODO!*

SOLO PORQUE PUEDES, NO SIGNIFICA QUE DEBAS.

Delegar es un proceso de dos vías, la buena delegación deja a todas las partes empoderadas.

Permite que la gente te contribuya, es una señal de fortaleza (no de debilidad).

Por todo lo que odias hacer, hay alguien que amaría recibir tus negocios.

Trabajar juntos para soluciones de ganar–ganar.

Atraerás más amor en tu vida y crearás más tiempo para hacer lo que amas cuando delegas lo que TÚ no necesitas hacer.

Capítulo 7.

¿Diseñando la vida?

"No aspires al éxito si lo quieres; haz lo que amas, cree en ello y vendrá naturalmente"

-DAVID FROST.

Entonces, ¿quieres llegar a ser más atractiva? Tú puedes empezar por diseñar una vida que amas.

Has estado tan ocupada trabajando para encontrar la pareja perfecta que probablemente sin darte cuenta rechazabas a la gente que podría haber sido la pareja perfecta para el verdadero TÚ.

Cuando AMES lo que estás haciendo, no NECESITARÁS tanto esa pareja, porque amas la vida de cualquier forma. Tú te AMAS a ti misma y el AMOR viene desde dentro.

Prepárate para ser sorprendida cuando el AMOR se presente de repente por sí solo, de la manera menos planeada y esperada. Lo habrás atraído fácilmente y sin esfuerzo a tu vida por cómo estás en el mundo ahora.

Si escuchas tu pequeña voz interior diciendo: "Si, eso no puede ser tan fácil, eso nunca me ocurrirá a mí", solo recuerda, ese es tu MIEDO hablando, protegiéndote de la decepción.

¡No lo permitas! Mira en el espejo y repite en alto a tu reflejo al menos cinco veces hasta que lo creas: "Encontrar es fácil cuando AMAS lo que estás haciendo y quién estás siendo".

Entonces, ¿qué estás esperando? Empieza a diseñar una vida que te retará y te llenará AHORA. ¡Va a ser divertido!

> *Si estás considerando poner a un lado este libro ahora… ¡¡¡NO LO HAGAS!!!*
>
> *¿De qué tienes miedo? ¿Tienes miedo de que podrías tener una vida mejor y entonces no habría nada por lo que quejarse?*
>
> *¡No te rindas aquí! ¡No te rindas otra vez! Estás en el borde de una profunda transformación en tu vida.*
>
> *Entonces, ¿por qué autosabotearte de nuevo?*
>
> *¡La única razón por la que vas a rendirte aquí es porque tienes un diálogo interno negativo rondando por tu cabeza! Está siendo persistente para que te rindas.*
>
> *¿Estás escuchándolo?*
>
> *¡Recuerda, si quieres cambiar tu vida para mejor, tienes que cambiar la manera en la que piensas y te hablas a ti misma!*

> *Empieza AHORA ignorando tu DIÁLOGO INTERNO NEGATIVO (capítulo 3, pág. 48) y felicítate a ti misma por tener el coraje de cambiar tu vida para mejor.*

Habiendo obtenido una clara idea de dónde se encuentra tu pasión y propósito y, habiendo creado más tiempo para ti misma delegando todo lo que odias hacer, vas a diseñar una vida que AMAS.

Con un nuevo propósito en mente, crearás un plan, el cual incluirá el equipo y los recursos necesarios para llevarlo a cabo.

En el capítulo 5, identificaste entre una y tres actividades que realmente te divierten y que puedes monetizar si quieres.

Habrás tenido algunas ideas sobre lo que quieres compartir ahora con otra gente. Puede que haya talentos olvidados que te gustaría revisar.

Quizás tienes una historia increíble de cómo superaste el sobrepeso, ¿tal vez conseguiste un gran objetivo personal contra todo pronóstico? O quizás hay algo que siempre has soñado hacer, pero nunca te has atrevido.

¿Cuál es la actividad con la que estás MÁS inspirada para generar un ingreso? Vas a trabajar con eso ahora.

PASO 1. CREA UN OBJETIVO (una acción que tomar con una fecha para completar)

Has identificado una actividad que podrías monetizar o podría ser un reto personal que te GUSTARÍA llevar a cabo (no tiene que ser un gran reto, pero SÍ que te haga crecer). ¿Qué es y para cuándo lo vas a terminar?

PASO 2. COMPROMETERSE A COMPLETAR ESE OBJETIVO

Escribe el objetivo en el que estás comprometiéndote ahora (la cosa que has elegido por la que te sientes más inspirada).

Ahora estoy comprometida a:

_____

_____

_____

_____

_____

Voy a conseguir esto para

(fecha) _____

¡Felicidades! Has escrito un reto y has hecho un compromiso para completarlo en un tiempo específico.

PASO 3. CONSIGUE UN SOCIO RESPONSABLE

Ahora comparte este compromiso con otra persona, alguien en el que confíes, que te ayudará a estar alineada con tu objetivo cuando las cosas se pongan difíciles. Pregúntale si puede ayudarte para ser tu socio responsable, alguien que te ayudará a estar en el camino, solo le requerirá 5 minutos de conversación diarios.

Elige a alguien que no te deje salirte del camino tan fácilmente. Consejo: si hay alguien que te viene a la mente y dirías que no porque sabes que va a ser difícil contigo, ese es tu socio responsable perfecto. Estás detrás de la retroalimentación constructiva.

TU CONVERSACIÓN RESPONSABLE

Vas a hablar con él/ella por solo 5 minutos máximo cada día en un tiempo acordado. Establece una alarma de 5 minutos. Cuando los 5 minutos pasen, di adiós, incluso si no has acabado la conversación. No es una llamada social. Esto te causará ser mucho más eficiente de aquí en adelante.

Tú y tu pareja van a pasar a través de los siguientes puntos eficientemente y eficazmente usando notas preparadas cubriendo lo siguiente si es una llamada en la mañana (así no te desvías de tu rumbo):

1. ¿Qué es lo que exitosamente conseguiste ayer? (¡Bien hecho!)
2. Lo que no conseguiste ayer y qué aprendiste de eso. ¿Qué vas a hacer diferente la próxima vez?
3. Cualquier idea que hayas tenido hoy.
4. ¿Qué planeas conseguir hoy?
5. Confirma cuando vais a hablar mañana.

NOTAS: *Adapta las preguntas para una llamada por la noche (por ejemplo, sustituye ayer con hoy).*

El trabajo de la pareja responsable no es criticar las acciones o inacciones que tomas. Es su trabajo escuchar y formular preguntas constructivas cuando sea apropiado:

- *¿Qué aprendiste de eso?*
- *¿Qué harás diferente la próxima vez?*
- *¿Conseguiste completar las tareas incompletas del día anterior que dijiste que harías?*

> *Incluso le ayuda reconocer lo que has conseguido. NO está ahí para castigarte por no hacer lo que dijiste que harías.*
>
> *Si hay una ocasión en la que no puedes hablar de verdad (está fuera o algo), entonces solo comunícate por mensaje o correo.*

Mi socio responsable es:

_____

¿HAS COMPLETADO LOS PASOS 1, 2 Y 3 YA?

Si no, solo date cuenta de que, si te saltas pasos sobre ciertas acciones dejándolos como innecesarios, esto es lo que TÚ haces. ¡Así es como TÚ haces *todo*!

TÚ estás haciendo esta tarea a TU manera.

TÚ estás saltándote pasos porque TÚ no piensas que TÚ los necesitas. TÚ eres lo suficientemente inteligente para hacerlo sin nadie.

Esta es una de las razones por las que no has obtenido los resultados que querías en tu vida hasta ahora. *TÚ te saltaste factores críticos que podrían asegurarte el éxito porque TÚ sabes mejor o porque TÚ no puedes hacerlo (o por alguna otra razón que crees...).*

¿Puedes TÚ cambiar esto ahora? Absolutamente SÍ, TÚ PUEDES. La pregunta es, ¿lo harás?

Solo nota que estás resistiéndote al cambio, hay algún miedo profundo escondido que quiere que te estanques en tus viejos hábitos. ¿Podría ser el miedo al fracaso? ¿Miedo al éxito?

¿Miedo a la crítica? ¿Miedo a algo más?

Subconscientemente, (y vas a investigar profundamente aquí) ¿hay una recompensa en NO cambiar? Tiene que haberla o tú cambiarías. Algo (algún miedo) te está frenando. ¿Sabes lo que es?

Sea lo que sea, es la misma cosa que te ha impedido alcanzar tu potencial completo durante años, así que llega al fondo de ello de una vez. ¡Siente el miedo y hazlo igualmente!

> Tú tienes una elección: permanecer estancada en tus viejos hábitos o seguir adelante hacia una vida mejor llena de AMOR, alegría y plenitud.

¿Puedes seguir un plan que ya ha sido probado sin saltarte ningún paso?

Recuerda que cada paso está allí por una razón, la razón de ser. Yo quiero que TÚ seas tan exitosa en llegar a ser tan atractiva que TÚ no lo puedas evitar, pero que tengas la vida alegre que TÚ MERECES. Quiero que llegues a ser LOVE on LEGS.

Sin embargo, tienes que trabajar en ti misma para tener eso. ¡Vas a adoptar mejores hábitos (capítulo 9) y vas a tener que sentir el miedo y hacerlo igualmente!

Solo pregúntate a ti misma: "¿Por qué cuando me dan el mapa para una maravillosa vida pasaría por alto una parte pequeña y crítica del viaje que es clave para mi éxito?".

NOTAS: *Si en este punto TODAVÍA estás considerando NO seguir los tres pasos ya y estás considerando NO coger a un socio responsable, aprende de mis errores...*

Yo habría obtenido éxito mucho antes si hubiera tenido un socio responsable. Pensaba que era mi mejor crítica (¡y lo fui!), yo era muy inteligente y muy consciente de lo que había y no había hecho.

El problema es cuando eres tu propio socio responsable, **tú te permites a ti misma salirte del camino**. *¡No lo planeas, pero lo haces! No tienes que enfrentarte al miedo de ser criticada o retada.*

Tienes todo tipo de razones por las que no tuviste éxito, y las crees porque es más fácil que aceptar que TÚ ERES LA FUENTE DEL PROBLEMA.

Fue entonces cuando estaba verdaderamente desesperada, que elegí cambiar TODO lo que no funcionaba. Elegí seguir el plan 100%. Y fue entonces cuando tuve éxito. Reconocí que era el momento de enfrentar mis miedos y aceptar un socio responsable en mi vida.

Lo hice. Lo odiaba. Lo odiaba cuando sus mensajes llegaban. ¡Mi pequeña voz diría "tú no necesitas este estrés, abandónalo"! ¡Él nunca me permitió salirme del camino! Siempre tuvo la razón. Le odiaba cuando me hacía sugerencias, pero siempre tuvo un argumento válido. Valió la pena, mira todo lo lejos que he llegado. Me enfrenté al miedo de ser responsable, de ser criticada y trabajé a través de ello.

Nunca hubiera completado este proyecto sin que él me mantuviera responsable. Él me salvó de horas de tiempo y horas de lucha contra mí misma. Estoy tan agradecida ahora.

PASO 4. VISUALIZA (Empieza con el fin en mente)

Ahora vas a ver muy claro en tu cabeza lo que quieres crear. Lo visualizarás claramente primero, luego lo harás realidad.

VISUALIZACIÓN ➢ ACTIVACIÓN

La mayoría de los exitosos innovadores a lo largo de la historia han hecho posible lo que al principio se había considerado imposible por la mayoría. ¿Dónde empezaron?

LO VISUALIZARON PRIMERO

"Todas las personas, mujeres y hombres exitosos son grandes soñadores. Imaginan lo que su futuro podría ser, ideal en cada aspecto, y entonces trabajan cada día hacia su visión distante, ese objetivo o propósito"

-BRIAN TRACY.

Los teléfonos, bombillas, automóviles, aviones, móviles, viajes al espacio, los edificios más altos del mundo, pirámides, todas las piezas artísticas, literarias y musicales, hologramas, correr una milla en 4 minutos, inteligencia artificial, ordenadores personales, etcétera. Todo empezó como ideas nacidas en las mentes de pensadores creativos.

Todo llegó a ser una realidad porque alguien primero tuvo una idea y entonces la visualizó claramente a través de finos detalles. Cambiaron una idea creativa con preguntas inteligentes, recursos y un equipo, y se enfocaron en acciones, con el fin en mente.

Hubo un deseo ardiente de tener éxito y encontrar soluciones a cualquier problema que surgiera. El fracaso NO era una opción.

En todos los casos, el objetivo final, el producto final, el destino final, había estado claramente previsto. La visión fue comunicada y compartida. Otros fueron atraídos hacia la visión.

Las herramientas correctas y los sistemas necesarios para completar fueron adquiridos o creados. Cada obstáculo y razón pudo ser y fue sobrellevado.

Todas las tecnologías increíbles y avances que conocemos llegan a ser reales porque, a pesar de cualquier oposición, desconfianza o negación, el creador creyó que era posible. Tuvo un deseo ardiente de emprender el trabajo y el FRACASO NO ERA una opción.

Estuvieron comprometidos a completar. ¡LLEVARA LO QUE LLEVARA!

TÚ puedes hacer esto en cualquier área de TU vida cuando estás lo suficiente emocionada y crees en lo que estás haciendo.

EMPIEZA A VISUALIZAR PARA TI MISMA

Imagina un mundo donde la gente viene a ti, donde el valor de lo que ofreces es reconocido en el mercado y te buscan a TI, más que tú a los demás. Donde TÚ consigues un premio financiero como una consecuencia natural del valor que traes.

¿Cómo te sentirías? ¿Cómo podría eso cambiar tu vida? ¿Puedes imaginarlo?

¿Qué es lo que ya tienes o sabes que el mercado quiere y estaría dispuesto a pagar por ello? Puede que estuvieras tan ocupada que no has tenido tiempo de pensar sobre ello hasta ahora.

Lo que nosotros sabemos es que casi todos tienen al menos un problema en las siguientes áreas:

| RELACIONES | COMIDA | SEXO |
| TIEMPO | SALUD | DINERO |

Mucha gente está buscando más emoción en sus vidas en las áreas de:

VIAJAR	DEPORTE	JUEGOS
RETOS	SOCIALIZAR	ARTE
RELACIONES	NEGOCIOS	

La gente alrededor del mundo está buscando inspiración en el Sector del Desarrollo Personal para superar hábitos y comportamientos que saben que no les sirven, en una búsqueda para crear una vida de amor, valor y contribución.

¿Podrían TUS pasiones y talentos ofrecer soluciones a la gente en una o más de estas áreas? ¿Te gustaría ser capaz de ayudarles? ¿Te llenaría de alguna manera?

 Haz el EJERCICIO 10 - VISIONANDO, página 241, y empieza a trabajar sobre tu visión, empieza a "visionar".

PASO 5. ADOPTA UNA MENTALIDAD DE ÉXITO SANA

"Cualquier cosa que la mente pueda concebir y creer, la mente lo puede conseguir"

—Napoleon Hill.

Es posible. Tú puedes hacerlo. Puedes hacerlo TODO si pones tu mente en ello y te comprometes.

TU ACTITUD DETERMINA TU ALTITUD

"Una actitud positiva causa una cadena de creación de pensamientos positivos, sucesos y consecuencias. Es un catalizador y genera resultados extraordinarios"

-WADE BOGGS.

Si quieres una alegre, pacífica y plena vida en tu casa con los niños, llena de AMOR, entonces visualiza eso y mantenlo en tu mente todo el tiempo.

Cuando te encuentres en un cruce de caminos, elige un camino que te lleve hacia tu objetivo. AMAR y ser AMADO. No aceptes una promoción que te saque de tu casa cinco días a la semana. Acepta cualquier oferta de ayuda que soporte gentilmente y, durante ese tiempo extra disponible, haz lo que sea que te nutra.

GRANDES IDEAS Y AUTOCONFIANZA

Todos nosotros hemos tenido ideas creativas, pero solo unos cuantos tomamos acción. Puede que tuvieras miles de ideas en el pasado. ¿Has tenido alguna vez un momento de inspiración una gran idea y entones, un par de años más tarde, ves tu idea en el mundo y piensas "yo tuve esa idea, yo podría haberlo hecho"? Entonces, ¿por qué no lo hiciste?

"Tanto si crees que puedes hacerlo como si no, en los dos casos tienes razón"

-HENRY FORD.

¿Crees que puedes atraer más AMOR a tu vida?

Si crees que no puedes, buscarás una prueba que probará que no puedes y no lo harás.

Si piensas que puedes atraerlo, lo harás. Tan simple como eso.

Visualiza exactamente lo que quieres, en cada momento. Toma acciones y haz elecciones alineadas con tu visión de lo que tu futuro perfecto lleno de amor sería para ti. Créelo, es alcanzable, y permite que ocurra la magia.

Más que nunca, más gente necesita conscientemente imaginar lo que un mundo lleno de amor podría ser (más que el amor y el odio) y tomar acciones requeridas (individualmente y colectivamente) para traer más amor dentro de nuestro mundo.

Si en un día particular tú y todos tomaran una acción positiva para atraer más amor dentro de sus vidas, el mundo instantáneamente llegaría a ser un lugar mejor y más seguro para todos.

Recuerdo claramente en Londres (Inglaterra) en 2012 cuando la capital estaba muy llena de emoción, expectativas y celebración. Visitantes de todas partes del mundo llegaban en sus coches. Unos 70.000 voluntarios jubilados, vestidos con uniformes vibrantes, estaban ayudando a los visitantes en la capital, en las estaciones de trenes, aeropuertos, calles y múltiples avenidas en toda la ciudad. La gente, completamente extranjera, estaba hablando y sonriendo juntos en el metro, superando las barreras del lenguaje. ¡La capital entera estaba dando zumbidos!

Donde fuera, la gente estaba sonriendo y celebrando. No importaba la raza, color o creencia, todos éramos amigos y bienvenidos como tal. Hubo historias cada día de imprevistos actos de amabilidad de completos extraños y esto duró al menos un mes. El mundo se había juntado en paz y armonía. Podías sentir la conexión, ¡la energía era eléctrica!

La ocasión por supuesto fue en Los Juegos Olímpicos de Londres de 2012.

No fue solo la celebración de increíbles héroes del deporte, hombres y mujeres, sino incluso más importante: una celebración del poder de la humanidad en su forma más pura.

Los sueños fueron realizados. El trabajo en equipo y la colaboración se unieron después de unos años (incluso décadas) de preparación. Hubo historias de éxito en contra de todo lo previsto, pasiones llenas, preocupaciones olvidadas, imprevistos actos de amabilidad, increíbles celebraciones y alegría, caras sonrientes en todos lados donde miraras.

Londres estaba lleno de AMOR, participación, celebración y conexión.

Londres estaba siendo LOVE on LEGS.

Dos meses después de la ceremonia de cierre, Londres se había revertido a su vieja forma de ser. La emoción duró un instante. Los viajeros volvieron a mirar enfocados en sus teléfonos y papeles (más que interactuar con los extraños), a duras penas mirando hacia arriba.

¿Ya se habían olvidado? Solo unas cuantas personas sonreían. Rápidamente volvimos a los viejos hábitos, ¿no es una pena?

Durante las Olimpiadas, sustituimos fácilmente ese increíble nivel alto de energía, altos entornos vibracionales, por un mes, ¿por qué no podía durar para siempre? ¿Puedes imaginar un entorno de vibración alta, lleno de AMOR y cuidado para siempre?

Esto es lo que yo quiero, ¿y tú?

¿Es posible? SÍ (*cualquier cosa* es posible).

¿Es probable? NO. Sin embargo, cualquier cosa es posible y puedes poner de tu parte. Puedes marcar la diferencia en el entorno a TU alrededor, el cual motivará a otros a hacer lo mismo. Por cada uno de vosotros que trabaje sobre su propio SER, la probabilidad estará incrementando ligeramente.

Trabaja conmigo, comparte la visión y dejemos que ocurra. Si tú solo tienes una vida para vivirla, ¿por qué no traer cuanto más AMOR y alegría en tu vida y en la de otros?

 Haz el EJERCICIO 11 – VISUALIZA TU FUTURA VIDA LLENA DE AMOR, en la página 247.

TÚ eres la única persona impidiendo que TÚ consigas el AMOR que tanto mereces…

TÚ eres la única cosa interponiéndote en el camino de TÚ sintiéndote atractiva.

> **Recuerda: La ÚNICA cosa que te para son los límites que TÚ pones sobre tu imaginación.**

Einstein y otras grandes mentes compartieron el conocimiento de que TÚ tienes la habilidad y la inteligencia de crear algo que quieres en tu vida, simplemente tienes que dominar tu mentalidad y reemplazar unos cuantos hábitos (que no te sirven) con algunos mejores.

Para conseguir la vida de tus sueños, tendrás que:

- Cambiar tus hábitos de pensar.
- Transformar cualquier diálogo interno negativo en positivo.
- Tener un deseo ardiente de tener éxito.
- Idear un plan.

- ⚙ Tener fe en ti misma.
- ⚙ Soltar cualquier actitud o hábito que ya no te sirve.

¿Cuándo te vas a quitar de tu propio camino y vas a empezar?

PASO 6. PLANÉALO

"Si fracasas en planear, estás planeando fracasar"

—BENJAMIN FRANKLIN.

Ahora vas a crear un plan. Un plan para conseguir tu visión y objetivos. Probablemente vas a necesitar personas y recursos para llevar a cabo tu plan, si es un proyecto personal o un proyecto de negocios.

Hay incontables herramientas de planificación en el mercado. Una herramienta de planificación que he derivado de otras herramientas de planificación la he llamado PLAN DE LOVE ON LEGS (LOL). Es muy simple y cualquiera puede hacerlo.

Yo escribo un PLAN DE LOVE ON LEGS sobre una hoja de A4 cada vez que tengo grandes ideas que siento que merecen ser desarrolladas. Me parece inestimable hacer realidad una visión que se me viene. Me lleva un paso más cerca de hacer esa visión realidad. Si no funciona en el PLAN DE LOVE ON LEGS, probablemente no llegará a ser una realidad para mí.

Encuentro que un PLAN DE LOVE ON LEGS no solo apoya cada paso de un negocio, puede ser aplicado a tu vida personal también. Te ayuda a conseguir claridad. Puede ser actualizado en cualquier momento.

He compartido mi primer PLAN de LOL para LOVEonLEGS.com contigo en el **APÉNDICE 2**, página 267.

¿Por qué no creas tu propio PLAN de LOL?
1. Crea uno para tu futura vida atractiva, llena de amor.
2. Crea otros para cualquier proyecto que te inspire a empezar después de este libro.

Usa tu PLAN LOL para mantenerte enfocada en acción.

Un PLAN de LOL es un documento vivo, lo puedes llevar contigo y puede ser desarrollado y actualizado en cualquier momento.

PLAN DE LOL

VISIÓN – ¿Qué imaginas? ¿Qué quieres?

VALORES – ¿Por qué, por qué es tan importante? ¿A quién beneficiará?

MÉTODOS – ¿Cómo planeas conseguirlo?

OBSTÁCULOS – ¿Qué podría ponerse en medio?

MARCADORES – ¿Cómo sabrás que has tenido éxito?

Cuando creas tu plan necesitarás enfocarte en los siguientes componentes:
1. Identifica tu proyecto.
2. Define metas y objetivos.

3. Define tareas.
4. Prioriza tareas.
5. ¿Qué ayuda necesitarás? ¿Y de quién?
6. Inscribe a tu equipo en el proyecto (podría ser solo tu familia).
7. Sé consciente de los asesinos de proyectos.
8. Prioriza.
9. ¿Qué recursos necesitas y cuándo?
10. Crea una línea del tiempo (trabaja con el fin en mente).
11. Obtén retroalimentación de cualquiera de las partes interesadas.
12. Ajusta tu PLAN de LOL y planea acordemente.

Empieza trabajando en planear cómo compartirías tu propósito y pon tus ideas en tu diario ¡ahora!

RESUMEN CAPÍTULO 7

Tú cubriste seis pasos críticos para diseñar una vida que amas.

PASO 1. Tú has creado un objetivo (una acción que tomar con una fecha para completarla).

PASO 2. Te has comprometido a conseguir ese objetivo.

PASO 3. Consigue un socio con el que contar.

PASO 4. Visualizar (empieza con el fin en mente).

PASO 5. Adoptar una saludable y exitosa manera de pensar.

PASO 6. Planearlo, por ejemplo, PLAN LOL.

Te has comprometido a llevar un reto alineado con tu propósito y encontraste a un socio con el que puedas contar.

VISUALIZACIÓN ➢ ACTIVACIÓN

Todos los grandes innovadores en el mundo tuvieron éxito porque ellos creyeron que CUALQUIER COSA ES POSIBLE, tuvieron un deseo ardiente de tener éxito y el FRACASO NO ERA UNA OPCIÓN. Tu fuerza de actitud y forma de pensar exitosa determinarán tu éxito.

Todos tienen un problema con al menos una de las siguientes facetas: relaciones con las personas, la comida, la salud, el sexo, el tiempo y el dinero. ¿Tienes cualquier habilidad que pudieras ofrecer al mercado en estas áreas?

Identificaste una habilidad que podrías ofrecer al mercado a cambio de dinero.

Se te han dado doce componentes de planificación con los que trabajar.

La única cosa que te para de hacer cualquier cosa son los límites que TÚ pones en TU imaginación.

Capítulo 8.

¿Qué obstáculos?

"Conocer a otros es inteligencia, conocerte a ti mismo es verdadera sabiduría. Dominar a los otros es fortaleza, dominarte a ti mismo es verdadero poder"

-Lao-Tzu.

Si actualmente no estás viviendo la vida que elegirías si pudieras, pregúntate a ti misma otra vez: "¿Estoy viviendo mi vida para cubrir las expectativas de otros?". "Otros" puede referirse a una pareja, amigos, religión, familia, compañeros de negocios, profesión, niños, país, sociedad. En otras palabras, ¿permites que tu entorno dicte tu manera de comportarte?

"El entorno es más fuerte que la fuerza de voluntad"

-Swami Kriyananda.

¿Has sido un conformista hasta ahora? ¿Te has ceñido a las reglas?

¿Has sacrificado cosas por las que te sientes tentada para lucir bien o para mantener a otras personas felices? ¿Has sentido que se han aprovechado de ti alguna vez? Si es así, ¿te frustró o incluso te enfadó? En realidad, ¿sobre qué estabas enfadado? ¿Qué hay debajo?

¿Es porque fuiste incapaz de levantarte por ti misma?

¿Quizás solías morderte la lengua por el miedo a decir lo que pensabas en realidad y a las repercusiones negativas percibidas que podrías causar? ¿Has evitado tomar responsabilidad en tu vida y tus acciones? ¿Has discutido, acusado y te has quejado a otros sobre algo en vez de tratar con el asunto directamente?

¿Reconoces alguno de estos rasgos? Si es así, ¿dirías que has dado el control de tu vida a tu entorno? ¿Has sido fácilmente llevada o empujada a hacer cosas que otros esperaban de ti (trabajo, familia, etcétera)? ¿Te has parado al hacer cosas que quieres por ti misma u otros?

Pensándolo bien, ¿dirías que has estado viviendo dentro de una estrecha rama de posibilidades, con limitados tipos de comportamiento, para llenar las expectativas de otros cuya compañía mantienes para encajar? Así es cómo la sociedad te ha entrenado para ser, pues hace que tu comportamiento sea predecible y, por lo tanto, controlable.

Si has vivido tu vida para mantener a otros felices en algún nivel, ¿puedes reconocer que no has sido auténtica y que no estás viviendo la vida que eliges?

¿Piensas que esta podría ser una de las razones por las que te sientes incompleta y frustrada a veces? ¿Porque estás sirviendo al propósito de otras personas, no al tuyo propio?

¿Qué me dices si AHORA es el momento de tomar el control? Puedes empezar hoy, ignorando la presión externa y viviendo con un nuevo propósito, ¿verdad? ¿Vas a hacerlo?

ACUERDOS

¿Eres buena manteniendo todos tus acuerdos? ¿Honras la palabra que te das a ti misma y a los otros? ¿Es un asunto de integridad personal para ti?

¿Te has arrepentido alguna vez de algunos acuerdos que has hecho? No solo hablo de acuerdos de negocio, también sobre acuerdos que tienes con amigos y familiares.

> **RECUERDA: CUALQUIER ACUERDO ES NEGOCIABLE.**

El tiempo cambia y los viejos acuerdos podrían no servir a una o ambas partes. ¿Deberías entonces continuar conformándote con esos viejos acuerdos porque siempre te pegas a tus acuerdos o es el momento de negociar?

Mi sugerencia es que, tan pronto que un acuerdo no te sirva, vete y negócialo. No esperes y sufras. No seas una víctima de tus circunstancias mucho más tiempo.

Puede que requiera coraje, pero piénsalo:

- ¿De qué va este acuerdo que ya no te sirve?
- ¿De qué manera (si la hay) percibes que todavía sirve a las otras partes?
- ¿Tienes miedo a negociar? ¿Por qué ocurre eso?

- ¿Qué te gustaría cambiar de ese acuerdo?
- ¿De qué manera te beneficiarías de este cambio?
- ¿Qué beneficios ofrecerá a las otras partes?

Si puedes ver una parte positiva para ambas partes, podrías ser culpada e irresponsable por NO traerlo sobre la mesa para la renegociación. Puede que sea solo tener una simple conversación que puedes llevar, siempre enfocándote en las posibles soluciones positivas.

Para un mejor resultado, haz lo mejor para ser consciente de lo que TÚ quieres y de los beneficios para todos los interesados, y mantén fuera las emociones si es posible. Si cambias un acuerdo que crea una situación de ganar–ganar, sería absurdo no renegociar. ¿De qué tienes miedo?

¿Vas a vivir ahora una vida auténtica donde vives por lo que TÚ crees y no te vas a preocupar por lo que otros piensan de ti? ¿O estarás viviendo sin poder para complacer a otros?

Si no vas a vivir una vida auténtica, nunca te sentirás completamente llena: ¡ESO ES UN HECHO!

¿TIENES TU PROPIA MARCA PERSONAL?

"Marca (sustantivo): una identidad particular o imagen considerada como un recurso".

Es una pregunta divertida, ¿verdad? Especialmente cuando quieres aprender sobre el AMOR y ser más atractiva. La marca va sobre cómo destacas sobre la multitud y presentas tu singularidad al mundo. Lo más importante, se relaciona con cómo te relacionas contigo misma.

Si tuvieras tu propia marca personal, ¿cuál sería? ¿Qué es lo que TÚ traerías a la mesa? ¿Amor? ¿Inteligencia? ¿Sabiduría? ¿Crianza? ¿Alegría? ¿Servicio? ¿Humor? ¿Conocimiento académico? ¿Relaciones interpersonales? ¿Negocios? ¿Espíritu deportivo? ¿Música? ¿Maestría? ¿Baile? ¿Liderazgo? ¿De cuáles de tus talentos naturales, habilidades, experiencias de vida y pasiones te gustaría construir una marca?

¡Va a ser divertido!

¿Qué es lo que TÚ AMAS hacer? Imagina que tu vida es un negocio, ¿cómo te venderías a ti misma? Si estás teniendo problemas con este concepto, ¡delégalo! Pide ayuda a tu pareja o amigos.

A veces las personas más cercanas a ti ven más en ti de lo que tú ves. Diviértete con esto, consigue un grupo de amigos y haz un juego con ello. Créate un nombre de marca para ti misma y para cada uno y observa lo que encuentras.

Yo tuve problemas con esto. No tenía idea de quién era o lo que quería, nunca me importó cuál era mi propósito cuando los niños ya no dependían de mí.

Cuando le pregunté a uno de mis mentores cuál podría ser mi marca, él me dijo que obviamente era "LOVE on LEGS". ¿Qué? ¿Qué tipo de respuesta estúpida fue aquella? ¡No me gustó ni un poco!

En el momento en que mi vida fue un completo desastre, estaba buscando trabajos que no quería (porque de todas maneras trabajaría duro; nunca había un trabajo que me satisficiera y no me pagaban lo que yo sabía que valía). Estaba sufriendo en cada área de mi vida. Estaba muy ocupada buscando soluciones a muchos problemas. Entonces, por supuesto, siendo yo, tuve la necesidad de sacar la mejor solución para mí misma, no pediría ni aceptaría ayuda de nadie.

Estuve intentando limitar el daño que estaba causando a mis relaciones. No estaba feliz y realmente no vi cómo podía por fin abrazar la marca de LOVE on LEGS cuando todas mis acciones estabas enraizadas en el miedo. El miedo a la pérdida de AMOR, el miedo a la pobreza y el miedo más grande, el miedo a la crítica. No sabía cómo superarlo, estaban tan profundamente programados en mi interior. Mi ego estaba en control.

Me mantuve alejando ofertas de ayuda y AMOR, especialmente de mi marido, de quien salí huyendo. No podía darle las respuestas que él quería. Me separé de todos, incluyendo mis increíbles hijos mayores.

No me gustaba ni a mí misma y estuve alejándome de aquellos que amaba porque no los quería cerca cuando estaba así. Tenía que arreglarme a mí misma por mi cuenta. Necesitaba el espacio para pensar con claridad y arreglar el desastre de una vez por todas.

Mis acciones estaban lejos de LOVE on LEGS como puedes imaginar. Mi comportamiento estaba fuera de lo normal desde un punto de vista, pero fue completamente necesario desde otro punto de vista.

Tuve que escapar de mi entorno para reconectar con quién yo era, para ser capaz de transformar mi mentalidad y mis hábitos completamente.

Empecé a permitirme recibir ofertas de ayuda de los miembros de mi familia y estuve agradecida. Al haberme alejado de un entorno de miedo y enfado impuesto por mí misma, aclaré qué acciones eran sabias y cuáles de los hábitos de pensamiento y escritura me servían.

LOVE on LEGS no se ajustaba a cómo me estaba sintiendo o quién estaba siendo, cómo me estaba comunicando o lo que yo estaba haciendo en ese momento. No era la verdad en lo que a mí respecta. Lo que sí hizo fue que interrumpió mi patrón de pensamiento y abrió una nueva manera de ser, una nueva lista llena de posibilidades.

Entonces, como si fuera ropa nueva, me la probé y trabajé con ella hasta que sentí que era mía. ¡Esto me llevó dos buenos años!

Permitirme a mí misma ser entrenada fue la mejor cosa que nunca hice. Mi mentor pudo ver mi propósito y potencial más claro de lo que yo pude. Para que conste, mi marido también, sin embargo, había tanto enfado suprimido (principalmente conmigo misma) y carga en el camino para mí como para estar escuchándolo a él.

La marca creó una nueva oportunidad para mí de moverme hacia delante más que estar estancada en el pasado. Me dio algo hacia lo que trabajar, me inspiró a cambiarme a mí y a mi vida. Tuve un nuevo propósito, una visión y un plan de LOVE on LEGS (páginas (265-267). Todas mis acciones futuras moverían este propósito hacia delante.

Antes de ello, yo siempre había permitido que las expectativas de otros me guiaran a través de la vida, manteniéndoles felices, me hacía verdaderamente feliz… temporalmente. Ser considerada por otros la hija perfecta, la mejor estudiante, la mujer perfecta, una madre amorosa, la empleada más confiable, la mejor amiga de todos…, hubo un tiempo que me daba gran satisfacción.

Había trabajo tan duro para ser lo que pensé que todos querían que yo fuera, rellenando esos roles con lo mejor de mis habilidades, que el resultado fue superficial. Tuve altas expectativas de mí misma para actuar bien todo el tiempo y eso era agotador; no me gustaba mucho a mí misma. Sinceramente, no me amaba.

No estaba siendo auténtica, verdadera a mi propia naturaleza, estaba intentando ajustarme a sobrevivir y esperanzadamente a dirigir, pero estaba insatisfecha a pesar de todo.

Todos los problemas vinieron desde dentro de mi cabeza. Ahí es donde contar con un mentor ayuda. Un mentor puede ver lo que está en tu punto ciego para guiarte a crear una mejor relación contigo misma. Solo entonces atraerás naturalmente mejores relaciones con otros.

Lo que he aprendido una y otra vez:

> **Es solo cuando aprendas a AMARTE a ti mismo que podrás permitir a otros AMARTE.**

Así que elijo adoptar LOVE on LEGS como mi marca. Cada momento que consideré que una acción no estaba alineada con ser LOVE on LEGS, me reenfocaba a mí misma. LOVE on LEGS llegó a ser una manera de ser. Era más amable conmigo misma y buscaba la bondad en mí en vez de enfocarme en todo lo que estaba intentando poner bien (¡una lista larga!).

Había incluso aprendido a aceptar ayuda de otros. Mi mejor amiga me ofreció una habitación para vivir en su casa. Mis padres, quienes sorprendentemente no me juzgaron, estuvieron allí para mí en cada pulgada del camino. Mi hermano amablemente permaneció en contacto mucho más a menudo que incluso antes y comprobaba si estaba bien. Permití a mi familia biológica volver, que me ayudaran.

¡Fue una ruptura enorme! Reconocí que estaba y siempre había estado rodeada por el AMOR incondicional, pero lo había rechazado. Lo había empujado fuera de mí durante años.

En un año, había transformado completamente mi vida en una llena de AMOR incondicional por la gente que me rodeaba. Este es el poder de tener en tu propia vida tu marca personal.

Como conscientemente viví dentro del contexto de LOVE on LEGS, aprendí a amarme a mí misma y aceptar mis pequeñas curiosas formas e incluso aprendí a reprogramar mi pequeña voz para ser positiva en vez de permitir que me controle. Mi vida ha cambiado drásticamente desde que tengo un propósito hace un año.

Después de diez meses separada, mi marido de veintinueve años y yo estamos ahora reunidos y la vida con él es mucho mejor. Él es, y siempre ha sido, LOVE on LEGS. Estamos mucho más cariñosos el uno con el otro que cuando lo dejamos. Ahora incluso puedo aceptar su alabanza. Se necesita un enorme acto de AMOR incondicional por su parte el darme la bienvenida de nuevo a su vida y estoy muy agradecida.

Estoy ahora permitiéndome a mí misma recibir todo el AMOR que hay porque yo lo valgo. Obviamente nuestros tres hijos están encontrando mucho más fácil estar conmigo y somos una familia de nuevo. Podría tomar tiempo para ganar su total confianza y es totalmente normal. A su propio tiempo. La confianza tiene que ser ganada.

Como niña, tenía la habilidad de traer alegría a la vida de otros, especialmente a la gente mayor. Solo al ser cuidadosa y demostrando interés, saqué lo mejor de ellos. Yo era un pequeño rayito de luz, al cual los años habían nublado porque había desperdiciado mucho tiempo, intentando tan duro y con dificultad lo que no venía con naturalidad para ser alguien que no era.

Tan pronto como me comprometí a tomar la marca de LOVE on LEGS como un contexto de vida, llegué a ser esa persona, porque así es quién soy verdaderamente. Ahora AMO mi vida y soy otra vez AMOROSA.

YO SOY LOVE on LEGS

¿Qué es lo que vas a representar?

¿En qué contexto te gustaría vivir?

¿Eres artista, visionario, emprendedor, comunicador, viajante, curador, guía? ¿Está tu vida llena de música? ¿Eres profesor, líder, guía, guerrero, persona que predica la paz, cocinero, maestro, atleta? ¿Hay algo específico que quieres compartir con el mundo?

Independientemente de cualquier restricción física, mental o financiera, ¿cómo luce la vida de tus sueños y a quién servirás y contribuirás?

Pruébalo. Vive dentro de este contexto y comprueba si funciona para ti. Si no funciona, cámbialo a algo que funcione. Comparto el mío.

Claridad = Poder

Una vez que entiendas quién eres y cómo tu marca va a ser, puedes encaminarte hacia tu nuevo poder encontrado que viene con esta claridad:

> CLARIDAD DE IDENTIDAD,
> CLARIDAD DE VALORES,
> CLARIDAD DE VISIÓN,
> CLARIDAD DE PROPÓSITO,
> CLARIDAD DE COMUNICACIÓN.
>
> Dándote **el poder de crear cualquier cosa** en tu vida.

¿Cómo vivirás ahora? ¿A quién puedes ayudar? Piensa creativamente sobre cómo puedes mostrarte a ti misma al mercado. Eres la prueba viviente de que tienes soluciones a los problemas y preguntas de los demás.

¿Te gustaría ayudar a otros compartiendo tus experiencias de aprendizaje? ¿Puedes inspirarles y ayudarles? ¿Has dominado áreas de tu vida que podrían ser deseosas de pagar por ese conocimiento?

> LA CALIDAD DE TU COMUNICACIÓN DETERMINA LA CALIDAD DE TUS RELACIONES.

¿Cómo podrías asegurarte de que estás siendo completamente entendida por los oyentes cuando hablas?

No solo asumas que estás siendo entendida, haz preguntas para confirmar que lo estás.

Hoy todos nosotros AMAMOS comunicarnos por mensaje de texto. Es fácil, instantáneo y no tienes que perder tiempo hablando.

Es, sin embargo, muy fácil malentender lo que está siendo comunicado por texto (¿o soy solo yo?). Todos nosotros nos comunicamos a través de nuestros filtros. Podría estar leyendo tu texto dentro de un contexto diferente del que usaste cuando lo escribiste.

Por ejemplo, parte del desplazamiento de mi marido es una hora de tren dentro y fuera de Londres. En una ocasión, me escribió: "Regresaré temprano en el tren 3:22 p. m., ¿hay alguien que pueda recogerme?". Estaba feliz de recogerle y entonces respondo: "SÍ". Encuentro el tren de las 3:22 p. m., pero no a mi marido.

Ninguno de los dos había aclarado si él partía o llegaba en el tren de las 3:22 p. m. Yo leí el mensaje dentro del contexto de llegada y no confirmé. Él envió su mensaje dentro del contexto de partida desde Londres.

El contexto es tan importante. Siempre confirma que has entendido completamente la comunicación si hay dudas. No asumas que lo sabes.

¿Cuáles son las preguntas en las que vives?

Todos nosotros vivimos en preguntas, son la manera en la que evaluamos lo que está pasando, lo que pensamos y sentimos sobre la experiencia de vida. Adónde estamos yendo y lo que queremos conseguir. Estas podrían ser cosas que te preocupan o que estás intentando conseguir para ti o tu familia, o incluso para el mundo.

¿Estás viviendo con preguntas dentro de los retos cotidianos, como…?:

- ¿Cómo puedo ser el mejor padre/madre posible?
- ¿Cómo puedo pagar la renta de este mes?

- ¿Encontraré alguna vez a alguien que me ame?
- ¿Parece mi culo grande en esto?
- ¿Qué necesito hacer para ser la mejor pareja?
- ¿Cómo puedo ayudar hoy?
- ¿Qué puedo hacer para conseguir un aumento de sueldo en el trabajo?
- ¿Cómo puedo conseguir más dinero?
- ¿Cuál es el sentido?
- Si empezara un nuevo negocio, ¿cuál sería?
- ¿Qué es lo que estoy haciendo en la tierra?
- ¿Quién tengo que ser para recaudar más dinero para un proyecto en particular?
- ¿Qué tengo que hacer para atraer el AMOR de mi VIDA?
- ¿Cuál es la mejor manera de nutrir mi cuerpo y optimizar mi salud?

O, ¿quieres jugar MEJOR? ¿Quizá quieres jugar a una escala global? Puedes elegir vivir dentro de una pregunta más retórica que realmente estreche los límites de tu imaginación como:

- ¿Cómo puedo ayudar a alimentar a dos billones de gente hambrienta?
- ¿Qué se necesita hacer para ayudar a aquellos con problemas de salud mental?
- ¿Qué necesito hacer y quién necesito ser para ser mi mejor versión hoy?
- ¿Cómo puedo llevar mis negocios a una escala global?

- ¿Cómo podemos resolver el problema de gente sin hogar?
- ¿A quién servirá mi libro a nivel global?
- ¿Cómo será la mejor versión futura de mi ser y quién tendré que ser para llegar a serlo?
- ¿Qué se necesita hacer para hacer de este mundo un lugar mejor para todos?
- ¿Cuál es la mejor solución para el calentamiento global?
- ¿Quién necesito ser y qué necesito hacer para llegar a ser un campeón olímpico?
- ¿Qué papel puedo tomar en la lucha de igualdad para todos?

Para cualquier pregunta que elijas tomar, haz un poco de búsqueda del alma. Piensa en una pregunta que de verdad te inspire.

Si adoptas la pregunta y la marca cada día, puedes ver cómo de poderoso puede ser. La marca llegará a ser el contexto de tu vida de aquí en adelante.

Ahora imagina que estás viviendo tu vida como si todos los niños de este mundo te estuvieran mirando, y pregúntate a ti misma estas preguntas:

- ¿Estoy siendo un buen modelo?
- ¿Soy una inspiración para ellos?
- ¿Estoy viviendo en valores que serían beneficiosos para que ellos los adopten?
- ¿Estoy satisfecha del ejemplo que estoy implantando y el rol que estoy jugando?

¿El que ellos te estén observando marca una diferencia en cómo vivirías tu vida de aquí en adelante? ¿Qué vas a cambiar?

 Haz el EJERCICIO 12 - ¿CUÁL ES TU MARCA? Página 251.

RESUMEN CAPÍTULO 8

El entorno es más fuerte que la voluntad, ¿vas a seguir permitiéndote ser empujado a una dirección por la gente y las presiones que te rodean?

Cualquier acuerdo es negociable, no continúes honrando los viejos acuerdos que ya no te sirven, renegócialos para que sirvan a todas las partes.

Has trabajado sobre tu marca, cómo quieres ser reconocida en el mundo.

Toma la marca, llega a ser la marca.

CLARIDAD = PODER

Una vez que entiendas quién eres (tu marca), puedes pasar a un nuevo poder encontrado que viene con esta claridad de identidad, claridad de valores, claridad de visión, claridad de comunicación y claridad de propósito.

La calidad de tu comunicación determina la calidad de tus relaciones.

- Establece un contexto cuando hables.
- Habla un lenguaje simple que pueda ser entendido.
- Confirma que entendiste completamente y estás siendo completamente entendido.

VIVE DENTRO DE UNA PREGUNTA Y UNA MARCA QUE TE EMPODERE.

Capítulo 9.

¿Qué te empodera?

*"Cuida tus pensamientos, porque se convertirán en tus palabras.
Cuida tus palabras, porque se convertirán en tus actos.
Cuida tus actos, porque se convertirán en tus hábitos.
Cuida tus hábitos, porque se convertirán en tu carácter.
Cuida tu carácter, porque se convertirá en tu destino"*

-Lao Tzu.

Si realmente quieres mejorar tus relaciones y tu vida, ahora es el momento de mirar tus hábitos actuales. ¿Qué hábitos NO te están sirviendo y qué planeas hacer al respecto?

Si no eres consciente de cualquier hábito pobre, has desarrollado una maestría de tu ser o están en tu punto ciego. Podrías necesitar ayuda para identificarlo.

Una manera de descubrirlo es preguntar a aquellos más cercanos a ti. Diles que estás buscando mejorar TODAS tus relaciones. Compárteles tu nuevo propósito encontrado y los objetivos hacia los que estás trabajando. Explicarlo te ayudará a saber cómo otras personas se relacionan contigo.

Esto te ayudará en tu relación con ellos y con otros. Pregunta y serán totalmente honestos y directos por duro que pudiera ser para algunos y para ti.

> **IMPORTANTE:** *Cuando ellos empiecen a hablar, NO LES INTERRUMPAS bajo ningún concepto, por mucho que quisieras explicarte o defender tu posición. Esto es crítico si realmente quieres mejorarte a ti misma. Lo que vas a oír podría no ser lo que quieres oír, ¡podría ser feo! Por otro lado, podría ser mucho mejor de lo que esperas.*

DA LO MEJOR DE TI PARA NO TOMARTE *NADA* PERSONAL.

Este es un ejercicio que te ayudará a ver cómo otros se relacionan contigo (lo cual podría ser sorprendentemente diferente a cómo crees que ellos se relacionan contigo).

Probablemente encontrarás las mayores diferencias en tus relaciones más desafiantes. ¿Te extraña? ¡Podrían estar hablando lenguajes diferentes!

Recuerda terminar sobre las buenas cosas también. ¿Qué es lo que aman de ti? Las preguntas que podrías formularles son:

1. ¿Cuáles te parecen que son mis fortalezas?

2. ¿Cuáles te parecen que son mis debilidades?

3. ¿Hay algo sobre mí que ves especial?
4. ¿Tengo algún hábito pobre que te irrite?
5. ¿Cuáles te parecen que son mis buenos hábitos?
6. ¿Hay algún buen hábito que pueda empezar a practicar?
7. ¿Hay algo más que pueda trabajar para mejorar?
8. ¿Hay algo que pueda hacer para mejorar mi relación contigo? Si es así, ¿qué es?
9. ¿Cuáles son mis mejores cualidades?

No te olvides de agradecerles (un gran hábito) por ser directos, honestos y reales contigo.

Otra ruta más fácil es encontrar un mentor entrenado para ayudarte a dominar las áreas de tu vida y que te llevará a alcanzar objetivos (de medio a largo plazo) y tu máximo potencial.

Podrías estar diciéndote a ti misma: "No me puedo permitir un *coach*". Y mi respuesta para ti sería: "Si tú de verdad quieres mejorar tu vida, ¿puedes no permitírtelo?".

CUIDA TUS HÁBITOS...

En el libro de Steven Covey, *Los siete hábitos de la gente altamente efectiva*, después de entrevistar a las personas más exitosas que pudo encontrar en los Estados Unidos, identificó siete hábitos que todos ellos tenían.

Los siete hábitos de las personas altamente efectivas según Steven Covey son:

1. Sea proactivo, visión personal (marca).
2. Empiece con un fin en mente. Liderazgo personal.
3. Establezca primero lo primero, dirija las prioridades.

4. Pensar en ganar/ganar. Relaciones interpersonales.

5. Procure primero comprender, y después ser comprendido. Comunicación empática.

6. La sinergia. Cooperación creativa.

7. Afile la sierra. Autorenovación balanceada.

NUEVOS HÁBITOS DE EMPODERAMIENTO QUE CONSIDERAR

"Si siempre haces lo que siempre has hecho, siempre conseguirás lo que siempre has tenido"

—Henry Ford.

1. PREGÚNTATE A TI MISMA TU PREGUNTA EMPODERADA FRECUENTEMENTE CADA DÍA

¿Cómo tu pregunta va a motivarte hoy?

¿Cuál es tu propósito?

¿Por qué estás haciendo lo que estás haciendo?

¿A quién vas a ayudar?

¿Cómo tu marca se va a presentar a sí misma en el mundo hoy?

2. REVISA TU VISIÓN FRECUENTEMENTE

¿Qué es lo que más te emociona de tu visión del futuro?

¿Cuáles son las posibilidades que presenta?

¿Cuál es tu destino final, tu objetivo (de medio a largo plazo)?

¿Qué nuevas ideas tienes de tu visión?

Mira a tu tablero de visión, tu PLAN de LOVE on LEGS, la pegatina en la nevera, tu logo de marca, los recordatorios de tu pregunta empoderada en tu teléfono o la tarjeta en tu bolsillo (simplemente tocándola te traerá tu visión momentáneamente a la parte delantera de tu consciencia).

¿Qué es eso que quieres crear en este mundo? ¿En verdad quieres atraer más AMOR en tu vida? Entonces permanece recordándote a ti misma cuál es tu misión, no te distraigas.

3. PLANIFICA CADA DÍA LO PRIMERO

Este ejercicio transformó completamente la productividad de mi día y personalmente he experimentado sus beneficios. Sin este hábito, este libro nunca se hubiera impreso, nunca conseguiría ir al gimnasio, nunca haría lo que es más importante para mí y no estaría donde estoy hoy.

Tan pronto como te levantes en la mañana, asegúrate de planear lo que vas a conseguir en ese día para vivir dentro de tu pregunta empoderada, SER tu marca y hacerla vivir.

Usa tu diario para anotar las acciones clave y las ideas internas:

- ✓ Reconecta con tu visión (la pregunta con la que estás viviendo dentro).
- ✓ ¿Qué acciones necesitas tomar hoy que te llevarán más cerca de tus objetivos (de medio a largo plazo)?
- ✓ ¿Dónde puedes dar y recibir amor?
- ✓ ¿Cuáles son las posibilidades que hoy trae?
- ✓ ¿Cuáles son los tres deberes que DEBES hacer y cuándo planeas hacerlos?
- ✓ ¿Con quién te comunicarás?

- ✓ ¿Qué más necesitas hacer?
- ✓ ¿Qué puedes delegar y a quién?
- ✓ ¿Cómo vas a invertir en ti misma (amor por ti misma) hoy?
- ✓ ¿Cómo alimentarás tu cuerpo?
- ✓ ¿Cómo alimentarás tu mente?
- ✓ ¿Cómo celebrarás conseguir lo que eliges hacer hoy?
- ✓ ¿De qué estás más agradecida esta mañana?

4. VUELVE A VIVIR CADA DÍA

Al final de cada día reflexiona sobre lo que ocurrió. Cada día tiene oportunidades de aprendizaje, este NO es un momento para machacarte a ti misma por no conseguir lo que estableciste hacer cuando planeaste lo primero en tu día cada mañana.

- ✓ Reconecta con tu visión (la pregunta en la que vives dentro ahora).
- ✓ ¿Las acciones que tomaste hoy te posicionaron cerca de tu visión y objetivos o te alejaron?
- ✓ ¿Qué harías diferente si pudieras volver a vivir el día?
- ✓ Celebra lo que aprendiste al no completar cualquier cosa que habías planeado. Siempre hay lecciones para aprender.
- ✓ ¿Hubo algunas oportunidades que pasaste por alto?
- ✓ ¿Qué puedes y harás mañana?
- ✓ ¿De quién necesitas ayuda?
- ✓ ¿Hay algo que necesite ser puesto en orden para que tu objetivo sea más alcanzable? ¿Hay alguna solución

que necesite ser encontrada? (¿A quién puedes preguntar? ¿Qué puedes leer? ¿Qué puedes hacer?).

- ✓ Celebra y sé agradecida por todo lo que has aprendido hoy.
- ✓ Escribe cualquier lección que aprendiste hoy, ¿qué harás diferente en el futuro?
- ✓ ¿De qué estás agradecida hoy? La gente que te rodea, quienes están ahí animándote y ayudándote en tu propósito de vida, ya bien sea la familia, amigos compañeros de trabajo, contratantes o completamente extraños quienes te dedican una sonrisa. ¿Tu salud, tu vida y cualquier otra cosa?
- ✓ Grábalo en tu diario, mantén un registro para mirar atrás.

5. LA ACTITUD DE AGRADECER

"La gratitud es la emoción más saludable de todos los humanos. Cuanto más agradecido te expreses por lo que tienes, más tendrás por lo que estar agradecido"

-Zig Ziglar.

A veces puede que estés tan enfocado en lo que no has conseguido y en lo que necesitas hacer (para prevenir que A, B y C ocurra), que olvidas quién eres y de lo que en verdad TIENES para agradecer.

En comparación con los países del tercer mundo, nosotros somos ricos. La mayoría de nosotros tiene necesidades básicas (jerarquía de las necesidades de Maslow). Podemos estar agradecidos por la comida, la fluida gratis de agua limpia para beber, la ropa, un servicio de salud, la educación gratis para los niños, los amigos, abrigo y el 95% de nosotros tiene un teléfono móvil (significa comunicación) e Internet. Entonces, si alguna vez te enfocasen en lo que no has conseguido, solo mira otra vez lo que tienes, algo de lo que estar agradecida.

Algunos amigos míos empiezan el día escribiendo en un pequeño cuaderno todo aquello por lo que están agradecidos. Su salud, la comida sobre la mesa, el agua limpia, los amigos y los seres queridos, los niños, el arte, la música, el amanecer, las mascotas, una casa, etcétera. Antes de dormirme, me gusta reflexionar sobre todas las cosas por las que estoy agradecida en mi vida y me duermo muy bien.

"Cuando nos enfocamos en nuestra gratitud, la marea de decepciones sale y la marea de la vida entra deprisa"

-Kristin Armstrong.

Así que el hábito de expresar gratitud por lo que tienes ayudará a amarte más a ti misma y a tu vida, un poderoso comienzo y final de tu día y, por último, la fuente de todo.

Cuando alguien te hace un servicio o va más allá del cumplimiento del deber, por qué no agradecerle y dejarle saber exactamente que le estás agradeciendo por la profundidad.

Las personas AMAN ser reconocidas. Tus generosos comentarios pueden girar la mala mañana de alguien en un gran día.

En nuestro mundo moderno donde esperamos tanto y tenemos poco tiempo, hay miles de currantes (personas muy trabajadoras hambrientas de reconocimiento). Marca la diferencia y comparte tu gratitud por sus esfuerzos.

La gratitud es la manera de compartir AMOR. Cuanto más das, más recibes.

"La gratitud es la llave que abre la puerta de tu corazón, que permite al potencial sin explotar del AMOR que radie fuera y limpie tu mente de cualquier incertidumbre gris que pueda bloquearte de vivir la más increíble y extraordinaria vida y sueño. Cuando estás agradecido por lo que tienes, consigues ser más agradecido. Tu vida se llenará al grado de tu gratitud"

-J. F. DEMARTINI.

6. MANEJA LAS EXPECTATIVAS (para de establecer expectativas que no puedes mantener)

¿Qué esperas de ti misma, otra gente y de la vida en sí misma?

¿Esperas envejecer?

¿Esperas tener una vida en pareja algún día?

¿Esperas que tu madre venga y cuide a los niños a tiempo y en los días acordados?

¿Esperas que te paguen a final de cada mes?

¿Esperas que tu equipo de fútbol gane cada sábado?

¿Esperas tener unas vacaciones cada año?

¿Esperas que tu pareja llegue a la cena a tiempo?

¿Esperas tener una familia?

¿Esperas tener reconocimiento de tu jefe?

¿Esperas tener un bono anual o subida de salario?

¿Esperas tener el capuchino espumoso perfecto?

¿Esperas que los supermercados estén abiertos cuando lo necesitas?

¿Esperas hacer el tiempo suficiente para ir al gimnasio o a las clases de yoga?

¿Esperas que los niños vayan al colegio cada día?

¿Esperas que sean recogidos cada día como se ha acordado?

¿Esperas que tu hija se distraiga y llegar tarde al colegio?

¿Esperas que ellos recuerden su almuerzo y el equipaje de deporte?

¿Esperas que la gente se comunique cuando llega tarde?

¿Esperas que la basura se recoja?

Creo que vas pillando la idea. Basándonos en cada día y en el tiempo a largo plazo, aunque nos demos cuenta o no, tenemos muchas expectativas, cada una de las cuales está estableciendo decepciones y estrés.

Si esperas que algo ocurra y no ocurre, puede afectar a tus planes. Puede que tengas que hacer acuerdos alternativos de última hora, los cuales pueden ser irritantes, frustrantes y molestos, especialmente si no hubo comunicación.

Es por lo tanto vital en un buen plan planear también las expectativas que NO se esperan.

¿Te levantaste alguna vez en una primera cita? ¿Alguna vez has esperado un aumento de sueldo o un bono el cual no apareció en tu cuenta? El sentimiento que estás experimentando es consecuencia de tener las expectativas en primer lugar. Ellos dijeron que lo harían así, que ellos deberían, ¡pero no lo hicieron! Entonces estás decepcionada.

LAS EXPECTATIVAS ROBAN LA CELEBRACIÓN (más al punto: las expectativas **NO CONSEGUIDAS** te roban la celebración).

¿Cómo te sentirías si tu marido se olvidó de tu aniversario? Me olvidé de nuestro aniversario de boda… No fue problema porque mi marido no tuvo expectativas de que lo recordara. Si él HUBIERA esperado un regalo o una carta, podría haber estado decepcionado.

¿Cómo te sentirías si hubieras reservado una mesa en tu restaurante favorito por tu cumpleaños y tus amigos llegan una hora más tarde?

¿Cómo te sentirías si te hubieras estancado en la cola del tráfico y perdieras un vuelo que esperabas coger?

¿Cómo te sientes cuando te das cuenta de que el equipaje de fútbol de tu hijo que necesita esta mañana está todavía mojado en la lavadora? ¿Cómo se siente él? ¡Sé la respuesta a esta! Muy gruñón, ¡un decepcionado portero!

¿Cómo te sientes cuando tu madre llama y te hace saber que no se está sintiendo muy bien y que no puede cuidar de los niños hoy para que puedas ir al trabajo a las 9 a. m.?

¿Cómo te sientes cuando tu serie de drama favorita ha sido reemplazada por el fútbol?

Dependiendo del incidente, podrías sentir cualquier cosa, desde una decepción pequeña a un alto estrés, frustración y enfado.

Realmente no hay muchas cosas positivas para ganar de la situación en ese momento si tus expectativas no se han cumplido.

En la sociedad oeste de hoy vivimos y respiramos estrés. La gente está corriendo en la ocupación, matándose a sí mismos con el estrés desarrollado en el tiempo, con el propósito de hacer dinero necesario para sobrevivir en esta generación consumista, ¡lo que sea necesario! Es cómo tú manejas este estrés lo que determinará la recompensa, cómo es tu vida.

El ESTRÉS es el asesino número uno de nuestros tiempos. Es una condición esencial que puede derivar (directamente o indirectamente) en muchas de nuestras enfermedades, incluyendo cánceres y problemas del corazón. Entonces, ¿cómo puedes manejar el estrés mejor?

Una manera es manejar tus expectativas (las tuyas propias y las de otros) y ayudar a otros a manejar las suyas.

Hay varias formas diferentes de manejar y reducir estrés que puede que quieras incluir:

1. Masaje
2. Deporte
3. Yoga y meditación
4. Delegar a otros
5. Hacer lo que AMAS
6. Hacer el AMOR
7. Cuidar a una mascota
8. ¡¡¡¡MANEJAR LAS EXPECTATIVAS!!!!

Tú y yo somos pequeños egoístas de las necesidades humanas. Para que tu vida vaya tranquila, tienes esperanza y esperas que ciertos sistemas funcionen como se esperaba, el cuidado de los niños, la comida, el transporte, las comunicaciones, la salud, el dinero y las relaciones. Haz balance de tus expectativas de ti misma y de otros, ¿qué puedes cambiar?

Si te pareces algo a mí, esperarás de ti misma actuar a tu mejor nivel en todo lo que te enfocas. Cuando no completaba una tarea a tiempo, cuando me olvidaba de recoger a mi hijo de la guardería (ups), mi pequeña voz me machacaría: "¿Por qué no hiciste esto en vez de lo otro? ¿Eres siquiera una buena madre? ¿Por qué no pusiste una alarma? ¿Por qué no comprobaste el taxi más temprano?". ¡Estuve viviendo dentro de preguntas no empoderadas!

El estrés fue creado porque tuve expectativas de mí misma. ¿Qué hubiera pasado si hubiera empezado cualquiera de estos escenarios sin ninguna expectativa? ¿Hubiera experimentado tal estrés? ¿Te puedes ver a ti misma en esta situación?

Soy consciente de que mis acciones no solo me afectan a mí, afectan incluso a otras partes que tienen expectativas.

No completar una tarea a tiempo puede tener consecuencias a la larga para los miembros de otros equipos, un proyecto, una lanzadera de un producto y las ventas. Cuando me olvidé de mi hijo en la guardería, alguien tuvo que esperar hasta que me diera cuenta. Su llegada tarde a casa podría afectar a otros que dependían de esta persona.

Cuando me dejaron plantada por fuera de Topshop en Noruega a la tierna edad de dieciséis, mi madre (desconocida para mí) había esperado en la esquina durante 30 minutos para asegurarse de que yo estaba bien (¡qué humillación!). Cuando él no apareció, vino a rescatarme. Le mostré mi gratitud enfadándome con ella durante días. No esperaba que nadie presenciara mi humillación. ¡Pude haber cogido el autobús!

Cada vez que las expectativas no se consiguen, no solo te afecta a ti, porque hay un efecto dominó que puede estar lejos de alcanzar y puede tener consecuencias de alcance a la larga.

Gracias, mami, por siempre estar ahí para mí.

En la novela cómica de Dominic Holland, *El efecto dominó*, cuando un descontento trabajador de la fábrica de dónuts conscientemente mandó fuera un pedido de dónuts sin ninguna mermelada, propició una serie de eventos que llevaron todo el camino hasta los niveles más altos de los gobiernos y bancos. Esto ilustra una forma humorística de cómo todos nosotros estamos conectados y cómo algo tan aparentemente insignificante como un dónut sin mermelada lleva a consecuencias y expectativas inesperadas, las cuales pueden tener un impacto global.

Así que, ¿cómo puedes manejar las expectativas? Comunicándote con todos a quienes afecta tan pronto como llegues a ser consciente de que no puedes llegar a los acuerdos. ¡Simple!

 13 – MANEJAR EXPECTATIVAS, en la página 253.

¿Es posible vivir sin expectativas? SÍ, lo es, y cuando empieces a soltar las expectativas te darás cuenta de cómo de liberador es. Pruébalo para ti misma.

En cada momento que te encuentres a ti misma sintiéndote estresada por algo, busca cualquier expectativa escondida que tienes.

"Mira, mi filosofía de vida es ESPERAR NADA y TODO es un bonus"

-Hugh Jackman.

Cuando tienes unas pocas expectativas de ti misma y de otros, encontrarás más disfrute en tu vida. En cada momento que notes que has establecido expectativas de ti misma y de otros, solo nótalo. Estarás menos estresada.

¿Por qué establecerse decepciones y estrés haciendo duras o irrazonables demandas de la gente que no pueden actuar a tu nivel?

7. PARA DE DISCUTIR, ECHAR LA CULPA Y QUEJARTE

"Sé agradecido por lo que tienes y para de quejarte, aburre a todos, no te hace ningún bien y no te resuelve ningún problema"

-Zig Ziglar.

En el Capítulo 4 aprendiste que *CRECERÁ AQUELLO EN LO QUE TE ENFOQUES.*

La gente que discute y se queja todo el tiempo atrae problemas y a otras personas que discuten y se quejan. Están todos consumidos por este hábito basado en el miedo. Cuanto más lo hacen, más material encuentran para discutir y quejarse. Es destructivo. Es negativo y no le hace bien a nadie.

Las personas que discuten y se quejan no son atractivas y son aburridas para la mayoría de la gente. ¿Te gustaría emplear tiempo con gente miserable y negativa? Si vives entre gente como esa, VETE AHORA antes de que llegues a ser infectada permanentemente.

Si te das cuenta de que tienes tendencia a discutir y quejarte, entonces ¡páralo! ¿Viene de tu necesidad de tener la razón todo el tiempo? ¿Cómo te sirve?

Nunca atraerás amor a tu vida cuando te comportas así, ¡así que páralo!

8. PARA DE JUZGARTE A TI MISMA Y A OTROS MAL

Juzgarte a ti misma y a otros mal viene bajo el contexto de discutir, acusar y quejarse, pero merece una mención especial porque es demasiado destructivo en tus relaciones y necesita ser eliminado.

Incluso podrías notar tu pequeña voz como un piloto automático:

"Dios mío, parece malo".

"¿No puede ir más rápido?".

"¿Por qué no pueden hacer su trabajo adecuadamente?".

"¿Sabe que no me gusta el chocolate?".

"¡Eso no es verdad!".

"¿En qué estuvieron pensando?".

"Dios mío, estos pantalones están muy ajustados".

"¿Tengo que hacer todo yo sola?".

"¡Eso es mentira!".

"¡Llega tarde otra vez!".

"¡Eso fue horrible!".

Cotillear también entra dentro de esta categoría. Observa cómo muchas revistas hacen una fortuna por compartir la gracia de la caída de una celebridad, un escándalo, el desastre de una operación de cirugía, los líos amorosos, el dramático aumento de peso o bajada de peso. Hay cero preocupaciones por el dolor, daño o vergüenza que esto podría causar a la celebridad.

No solo viene de celebridades. Gran placer viene de expandir los rumores, a menudo nadie se preocupa de si son verdad. Llega a ser real y compartido porque parte de ti quiere que eso sea verdad. "Nunca permitas que la verdad se ponga por delante de una buena historia".

Los rumores destrozan las relaciones, reputaciones y vidas. ¿Por qué ha llegado a ser un deporte tan popular a nivel global?

¿Quizá porque nos hace a todos sentirnos mejor sobre nuestras imperfecciones, debilidades y errores?

Nada bueno o AMOROSO viene de compartir cotilleos y es un trato poco atractivo. Así que si te encuentras a ti misma sacudida dentro de rumores, por qué no te haces un chequeo a ti misma y te preguntas: "¿De verdad me quiero involucrar en esto?", "¿Me hace esto más o menos atractivo?".

"Es fácil juzgar. Es más difícil entender. Entender requiere compasión, paciencia y un deseo de creer que los buenos corazones a veces eligen métodos pobres. A través del juicio nos separamos. A través del entendimiento, crecemos"

-Doe Zantamata.

La próxima vez que te encuentres hablando sobre otros, quejándote o acusando a otros sobre algo o alguien de ti misma u otros, solo mírate a ti misma. ¿Qué es lo que te ha molestado? Observa, ¿hay realmente algún elemento de TU personalidad y comportamiento que no te gusta que veas reflejado en la persona de la que te estás quejando?

Podrías no verlo al principio. Entonces echa una segunda mirada. ¿Hay algo que ves bueno en esa persona? ¿Qué es lo que hace bien? ¿Tiene buenas intenciones? ¿La conoces siquiera?

¿Estás de alguna manera celosa de algo de ellos?

¿Crees que están mintiendo? ¿Alguna vez mientes? ¿Qué podría ocurrir en el pasado para que tengan miedo de decir la verdad completa?

¿Están dándoselas o presumiendo? Si no, ¿por qué no?

¿Crees que está mal presumir? ¿Qué inseguridad hace a la gente tener que alardear? ¿De dónde vino esa inseguridad? ¿Son tan inseguros que necesitan alardear de inventarse historias?

¿Están dejando a otros como equivocados? ¿Alguna vez has dejado a otros como equivocados? ¿Estás dejando a esa persona como equivocada en este momento? ¿Crees que, en el pasado, alguien les había dejado como equivocados?

Algunas personas dirán y harán algo para conseguir atención, a pesar de quiénes sean dañados en el camino. "Nunca dejes que el ego se ponga en el camino de una buena historia". Ego sobreviviendo a cualquier coste.

JUZGAR TE ROBA LA ALEGRÍA.

¿Está alguien haciendo un drama de la nada? ¿Quizás los juzgas como necesitados de atención? Después de todo, ¿tienes más problemas mayores, pero nunca te quejas de ellos? ¿Quizás vas por ahí fingiendo que la vida es perfecta o tienes miedo de ventilar tus asuntos o pedir ayuda, así que los ofendes por sacar las suyos?

Imagina una situación donde tus hijos han salido a jugar un rato antes de irse a una cena de celebración. Llegan con la ropa sucia, ¿por qué estás tan molesta de que estén sucios? (Si no tienes niños, quizás recuerdes esto desde el punto de vista de un niño. ¿Cuál es el gran problema?).

¿El problema es que ellos están sucios o es que TÚ ahora no tienes tiempo y tendrás que hacer que ellos se cambien, lo cual hará que llegues tarde? ¿Es que querías que tu familia estuviera muy guapa y ahora no aparecerán de la forma que habías querido? ¿Qué pensarán todos si aparecemos tarde y sucios? ¿Cómo reaccionarías?

1. ¿Les regañas por ponerse sucios y hacer que llegues tarde, y los envías a cambiarse rápido?
2. Te sientes y pareces irritada y estresada, no tienes tiempo para esto y les mandas a cambiarse rápido.
3. Les miras y te ríes: "Espero que lo hayáis pasado bien, ahora rápidamente subid las escaleras y cambiaos enseguida porque vamos a llegar tarde".

Ahora, ¿cuál crees que de las tres opciones de arriba hará más felices a los niños obedientes? ¿Cuáles de las de arriba te dejarán a TI sintiéndote más feliz? En este tiempo de mundo hambriento donde estamos tan ocupados en nuestro negocio y vida, no hay espacio en nuestro calendario para el error. Cuando estamos estresados y enfadados con otros, estamos en realidad empujándonos a nosotros mismos también.

Puede que no esté claro en este momento, así que toma nota cada vez que critiques o te quejes, ¿de qué estás insatisfecha en realidad? ¿Qué aspectos de ti misma que no te gustan ves reflejados en el comportamiento de los otros que estás criticando?

¿Te beneficiaría a ti y a otros mirar las cosas desde un punto de vista más amistoso y compasivo? ¿Te haría eso sentir mejor A TI? ¿Cómo podría tu entorno mejorar si fuéramos todos más buenos con nosotros mismos y con cada uno, más que juzgar a la gente sin pensar en la causa o consecuencia de ese juicio?

¿Es tu punto de vista el único punto de vista? ¿Hay otros puntos de vista?

¿Estás abierta a que haya múltiples puntos de vista o solo el tuyo? Si te ves juzgando a otros (vamos a decir que todos lo hacemos a veces), mira hacia dónde se conduce ese juicio. Puede que aprendas algo sobre tu comportamiento que no sabías antes.

Recuerda, siempre puedes preguntarte a ti misma y encontrar qué está pasando de verdad en ti misma. ¿Quién eres tú para juzgar?

9. SONRÍE

"Una sonrisa es la luz en tu ventana que le dice a otros que hay una persona que comparte y que cuida por dentro"

-Denis Waitley.

AMO esto porque sonreír es un hábito fácil que adoptar y que puede TRANSFORMAR TU VIDA COMPLETAMENTE si no lo estás practicando ya.

¿Tienes idea del poder de una sonrisa y la diferencia que esta marca? De hecho, cuando le pregunté a mi pareja cuál es la forma que él encuentra más atractiva en una mujer, inmediatamente respondió que la SONRISA.

Cuando ingenuamente sonríes a una persona desde un lugar cálido y amoroso, a menudo no se puede resistir y devuelve la sonrisa incluso si es la última cosa que quería hacer.

Sonreír es bueno para tu salud. El acto de "sonreír realmente libera el placer de las hormonas llamadas endorfinas, un medicamento natural, y de las hormonas antidepresivas como la serotonina. Sonreír reduce el estrés y aumenta el sistema inmunológico", afirma Betty W Philips, Doctorada en Psicología. ¡Sigue sonriendo! Ambos, la persona que sonríe y la persona a la que se le está sonriendo, experimentan una subida de energía positiva.

Si no eres una persona que sonríe con naturalidad, ¿por qué no aprender a ser una ahora? Es gratis, fácil, luces mucho más joven y atractiva también (olvídate del maquillaje y esas soluciones antiedad, ¡sonreír paraliza los años de tu edad!).

El bótox puede reducir tu atracción hacia otros. Te impide sonreír completamente y naturalmente. Tu reflejo podría ser más atractivo para ti, sin embargo, puede que te sorprenda aprender que eso NO es más atractivo para la mayoría de la gente. Solo la gente que comparte tu miedo de envejecer podría encontrarlo atractivo.

Sonreír es una herramienta enormemente poderosa y atractiva para todos, incluyendo tu futura pareja, si eso es lo que estás buscando.

Sonríete a ti misma cada mañana en el espejo y dite a ti misma: "Soy bonita cuando sonrío". Porque ¡tú lo eres!

Sonreír es simplemente el resultado de estar feliz, el simple acto físico de estirar tus labios hacia arriba en una sonrisa causará que estés feliz debido a la buena sensación de la liberación de hormonas. ¡La gente más feliz es más atractiva!

Sonríete a ti misma cada noche en el espejo y dite: "Me amo más y más cada día", tres veces. Porque donde sea que empieces, si tomas esto como un hábito al levantarte, eso es exactamente lo que harás, te amarás a ti misma más y más cada día, y, entonces, ¿adivina qué?

> CUANTO MÁS TE AMES Y TE GUSTES A TI MISMA, MÁS OTROS SERÁN NATURALMENTE ATRAÍDOS POR TI.

Si no me crees, inténtalo y verás lo que ocurre. Solo sonríe cálidamente a todos con quienes te encuentras hoy: tus hijos, tu pareja, tus padres, tus socios de negocios, los padres en la puerta del colegio, la vieja señora en la estación de tren, el vendedor del periódico, el camarero en tu tienda de café favorita y cualquiera que se cruce en tu camino.

Haz contacto visual, sonríe cálidamente y experimenta su respuesta. ¿Cómo te hace sentir eso?

¿Qué aprendiste del ejercicio? ¿Tuviste un día mejor?

¿Abrió una simple sonrisa nuevas conversaciones u oportunidades en tu vida y negocios? Repite esto diariamente durante un mes y simplemente transformará tu vida. Una sonrisa genuina abre puertas a oportunidades inimaginables.

"Vamos a permitirnos encontrarnos el uno con el otro con una sonrisa, para que la sonrisa sea el comienzo del AMOR"

-Madre Teresa.

10. SÉ AMABLE

¿No AMAS cuando escuchas sobre un increíble e inesperado acto de amabilidad? ¿Como cuando en 2017, en el Maratón de Dinero Virgen en Londres, solo a 300 metros de la línea final, Matthew Rees, corredor del club *amateur*, abandonó su propia carrera para ayudar a David Wyeth (que sufría de cansancio) cojeando hasta la línea final? Estuve muy impactada desde la silla. Sé las horas de entrenamiento que van dentro de correr un maratón y, como todo, prepararte semanas con antelación para estar enfocado en cruzar esa línea final en el tiempo más corto posible. ¡Tan enfocado que podría ser que no te des cuenta de un corredor sufriendo! ¿No tienes el corazón caliente al ver que alguien deja todo su egoísmo para ayudar a alguien?

"Un árbol es conocido por sus frutos, un hombre, por sus actos. Un buen acto nunca es perdido. Aquel que siembra cortesía recoge amistad, y aquel que planta amabilidad recoger AMOR"

-San Basilio.

Si a la gente nunca se le ha demostrado amabilidad, ¿qué es lo que tienen que aprender? Mucha gente no nota las necesidades de los demás.

¿Tú sí? ¿Eres el tipo de persona que deja su sitio en el tren a una mujer embarazada o a un hombre mayor? ¿Ayudarías a un hombre ciego o a una señora anciana a cruzar la calle? ¿Ayudarías a una chica joven con un carro y con los niños a subir las escaleras? Si alguien en la calle parece perdido o enfermo, ¿pasarías al lado fingiendo que no lo has visto o te ofrecerías a ayudarle?

Si no eres el tipo de persona que normalmente ayuda a otros, voy a invitarte a empezar a ser consciente de las oportunidades para ayudar a otros ahora.

Si eres el tipo de persona egoísta, entonces míralo desde este ángulo: si empiezas a liderar con el ejemplo, ayuda a la gente en necesidad de asistencia. ¿Quién va a aprender de ti? ¿Quién vendrá a tu auxilio cuando seas vieja y canosa y tengas necesidad verdadera de ayuda?

Obtengo una gran cantidad de placer en ofrecer asistencia a los extranjeros (es fácil si eres comunitario), a veces agradecen más allá de sus creencias, otras veces ni siquiera dicen gracias, pero yo sé que he marcado una diferencia y eso me hace más feliz. Sé amable contigo misma y con los otros.

¿Qué fue tan atractivo de la princesa Diana de Gales? ¿Tuvo algo que ver con la auténtica amabilidad y AMOR que ella de forma visible compartió cuando sonreía y tocaba a los enfermos y heridos?

"Diré que a medida que me hago viejo, más calmado y tranquilo en mi propio ser, la única cualidad en una mujer que encuentro más y más atractiva es la amabilidad. Un sentido de aventura y humor es importante también, pero realmente encuentro la amabilidad y consideración por otros seres la cosa más atractiva en alguien"

-COLIN FARRELL.

Al sacrificar su tiempo en la carrera, Matt Rees llegó a ser un héroe nacional. Estuvo en todos los medios durante las siguientes 24 horas. Dos semanas más tarde, sin la preparación que normalmente invertiría y después del último minuto de entrada, ganó el Gran Maratón Welsh, no podía creer que fuera el campeón: "Agradezco el apoyo de los espectadores y otros corredores. Fue probablemente la carrera más amistosa que he corrido." ¿Quién estuvo ansioso de que Matt consiguiera la victoria después de Londres? ¿Todos allí, quizás, incluso corredores? Algunos sugirieron que él montó la ola de AMOR a la victoria.

La amabilidad tuvo sus propias recompensas. De hecho, es lo que Colin Farrell encuentra más atractivo en una mujer. ¿Entonces por qué no liderar con el ejemplo? Sé amable contigo misma y con los otros y llega a ser más atractiva. Observa lo que ocurre.

11. ESCUCHA

"Escucha con curiosidad. Habla con honestidad, actúa con integridad. El mayor problema de la comunicación es que no escuchamos para entender, escuchamos para responder. Cuando escuchamos con curiosidad, no escuchamos con la intención de responder. Escuchamos por lo que hay detrás de las palabras"

-ROY T. BENNET.

La gente está tan presionada por el tiempo, que no escucha a los otros de la forma que solíamos cuando las familias se reunían en el almuerzo y compartían sus historias, experiencias y sabiduría sobre la mesa durante la cena. Hoy somos más egoístas. Deberías darte cuenta de cómo escuchas a otros de ahora en adelante.

¿Estás escuchando con auténtico interés lo que se está compartiendo o estás escuchando para compartir tu punto de vista, seguir tu agenda o ver lo que hay para ti?

Cuando observé cómo escuchaba hace cuatro años, me asusté al darme cuenta de cómo de egoísta mi escucha había llegado a ser. No escuchaba si no estaba interesada y simplemente me desconectaba, un hábito que desarrollé en las horas aburridas de lecturas de ingeniería que soporté en la universidad. Además, me di cuenta de cómo de cerca estaba de las aportaciones en la conversación de otra gente porque solo estaba interesada en mi propia agenda. Llegué a estar tan desconectada y separada de las conversaciones a mi alrededor.

Hoy en día, las personas que tienen mejores ventas tienen que ser *excelentes* oyentes para tener éxito. Tienen que escuchar las necesidades de los clientes para poder satisfacerlas y luego "escuchar" una solución existente atractiva o proposición que añadirá valor extra al cliente.

Si tuviera que recomendar cualquier cosa, sería que cuando estés con alguien hablando, quédate con él. *Escúchalo* de verdad.

La contribución más valiosa que le puedes dar a otra persona es escucharla y realmente estar con ella, ¿de dónde vienen sus palabras? ¿Qué está ocurriendo en su vida? ¿Qué necesita? ¿Cómo puedes ayudarla?

Los adolescentes son conocidos por ser difíciles y creo que mucho de esto tiene que ver con el hecho de que NO están siendo escuchados adecuadamente por los padres, amigos o profesores. Ellos ya no disponen de la escucha sin juicio y la atención que obtuvieron cuando eran más pequeños, lo cual es muy frustrante.

Cuando trabajaba en la hostelería, montando un nuevo restaurante (con todos sus problemas con los clientes), fui reconocida como la mejor gerente para lidiar con las quejas. Era tan excelente en resolver los asuntos que los clientes enfadados se marcharon mucho más felices y satisfechos cuando sus quejas fueron escuchadas en profundidad y al completo. Un mal comentario tiene la potencia de destruir un nuevo negocio.

¿Cómo lo hice? Simple, yo los sentaba y escuchaba atentamente las quejas del cliente. Mostré *interés* en lo que tuvieron que decir. Pregunté si tenían algo más que añadir. Asegúrate de que lo sacan TODO fuera. Luego les repetía de nuevo sus problemas (para que supiesen que habían sido escuchados), les dejaba saber exactamente lo que intentaría hacer para resolver el asunto y les aseguraba que no volvería a ocurrir otra vez.

Me di cuenta de que cuanto más escuchaba, más su enfado iba cediendo y, al final, era un gran alivio para ellos. ¡Alguien había escuchado de verdad! Pocas personas ALGUNA vez han sentido que han sido escuchadas. Mis compañeros no podían creer cómo pude girar enfadados e insatisfechos clientes en clientes amigables, satisfechos y repetidores. Simplemente los escuché con suficiente cuidado.

¿Has notado que AMAS estar rodeada y ser atraída por la gente que demuestra un interés real en ti? ¿En qué es lo que TÚ dices y haces?

¿Hay alguien en particular del que te sientas atraída? ¿Te ha escuchado alguna vez como si estuviese realmente interesado? ¿Le has escuchado alguna vez con interés genuino? Las personas AMAN estar rodeadas de personas auténticas que estén interesadas en ellos. ¿O generalmente realizas la mayor parte de la conversación?

Si eres consciente de que eres una de esas personas que realiza la mayor parte de la conversación, simplemente sé consciente. ¿Están ellos interesados en lo que tienes que decir o están solo siendo educados?

Siempre es bueno girar la conversación hacia ellos. La gente AMA hablar sobre ellos mismos, ¡los deja a gusto porque es un tema del que saben mucho!

Si no estás segura de ti misma socialmente, mantén la conversación preguntándoles interesantes preguntas como:

- ¿Qué es la cosa más emocionante que has hecho?
- ¿Qué es lo que te gustaría hacer si fueras superrico?
- ¿Qué tipo de comida te gusta más?
- ¿Cuál es el lugar más emocionante que has visitado?
- ¿Cuál es tu deporte favorito? Y si está interesado en el deporte, ¿a quién ayudaría?
- ¿Hay algo que quieres conseguir en tu vida?
- ¿Cuál es el reto más grande que has tenido que enfrentar?

Controla la conversación haciendo preguntas y ESCUCHANDO intereses en común sobre los que ambos pueden emocionarse. Si no escuchas nada que te interese, no finjas. ¿Qué sentido tiene engañarlos?

Estarás sorprendida de lo que aprendes al escuchar a alguien. Cuanto más profundo los escuches, más posibilidades desplegarán y mejor será la conexión que se forma entre los dos.

12. TACTO

"A menudo subestimamos el poder del tacto, de una sonrisa, de una palabra amable, de un oído que escuche, de un cumplido honesto o del más pequeño acto de cariño, todo ello tiene la potencia de darle la vuelta a la vida"

-LEO BUSCAGLIA.

Ya se ha dicho que todos los humanos, no solo los niños, sino los adultos también, necesitan el tacto humano para prosperar en sus vidas.

El contacto tiene increíble poder emocional y beneficios físicos de salud. Un simple toque puede desenmascarar la liberación de la hormona oxitocina, la cual es incluso conocida como la hormona del AMOR, y es realmente fundamental para la comunicación humana, la vinculación y la salud en general.

Un estudio científico demuestra que hay una correlación directa entre el contacto físico y:

1. La reducción de la violencia.
2. Mayor confianza entre los individuos.
3. La disminución de enfermedades y un sistema inmunológico fuerte. "Los abrazos fortalecen el sistema inmune... La gentil presión sobre el esternón y la carga emocional que esto crea activa el chacra del Plexo Solar. Esto estimula la glándula Timo, la cual regula y balancea la producción de las células blancas de la sangre del cuerpo, manteniendo tu salud y liberando la enfermedad", Investigación de la Universidad de la Escuela Pública de la Salud de California.
4. Mayor intimidad emocional, no sexual, conexión y acercamiento.

5. Mayor compromiso de aprendizaje.
6. El bienestar general.

*"El tacto significa seguridad y confianza, calma. El contacto cálido básico calma el **estrés** cardiovascular. Activa el nervio vago del cuerpo, el cual está íntimamente relacionado con nuestra respuesta de compasión"*

-Daniel Keltner.

No voy a entrar en detalle sobre los puntos arriba mencionados, pero la princesa Diana y la Madre Teresa precisamente demostraron el poder de sanación del AMOR expresado a través del contacto.

Si AMAS ser tocada, no elijas una pareja en el AMOR a la que no le gusta ser tocada (a menos que estés preparada para trabajar con ella a través de su miedo de ser tocada). Nunca te sentirás completamente satisfecha en esa relación, siempre te faltará algo.

Casi toda la gente responde favorablemente a un suave tacto sobre la mano, el hombro o el brazo. Rememora el AMOR incondicional experimentado y el contacto de una madre.

Si quieres conseguir acercarte a alguien, ¿por qué no tocar sus manos y antebrazos ligeramente a la vez que te inclinas para hablar con esa persona? ¿Qué es lo peor que puede pasar? Si sientes que retrocede, solo nótalo y no lo hagas otra vez hasta que tengas más confianza o permiso para hacerlo. Solo he experimentado esto con una persona. Este retroceso es algo que tiene que ver con ellos, un miedo de sus experiencias pasadas y emociones temerosas que eso activó. No lo veas como que TÚ eres rechazada. Es la respuesta de su miedo.

Conscientemente usa el poder del tacto, sabiamente y delicadamente, para maximizar tu impacto, ganar confianza y llegar a ser más atractiva.

13. DI LA VERDAD

"A quien sea descuidado con la verdad en asuntos pequeños, no se le puede confiar asuntos importantes"

-Albert Einstein.

Si NO estás en el hábito de decir la verdad, te insisto en que te armes de valor de empezar a decirla ahora. Practícalo a todos lados donde vayas. Aprendiste a mentir cuando experimentabas las consecuencias de decir la verdad, no querías que alguien fuese dañado o no querías dañarte a ti misma.

El hábito de mentir probablemente empezó con un incidente cuando fuiste un niño pequeño. ¿Es eso relevante hoy? Cuando mientes, solo estás aplazando lo inevitable y creando estrés interno. Incluso pierdes la confianza y el respeto de aquellos a tu alrededor. Podrían no decírtelo, pero no desestimes a la gente, ellos saben cuándo estás mintiendo. La única persona a la que estás engañando es a ti misma.

"Sé impecable con tu palabra. Habla con integridad. Di solo lo que quieres decir. Evita usar la palabra para hablar contra ti mismo o para cotillear sobre otros. Usa el poder de tu palabra en la dirección de la verdad y el amor"

-Don Miguel Ruiz.

DESARROLLANDO NUEVOS HÁBITOS

En un estudio hecho por Phillippa Lally (publicado en el periódico europeo de Psicología Social), toma de 18 a 254 días (siendo de media 80 días) para que la gente forme un nuevo hábito.

Cuando tomas un nuevo hábito, PRACTÍCALO en cada ocasión (y es muy probable que se necesite mucho más de 21 días).

Si por alguna razón rompes tu nuevo hábito, solo nota que lo rompiste, sonríe y retómalo otra vez, empezando desde el Día 1. ¡Fácil!

RESUMEN CAPÍTULO 9

Los siete hábitos de la gente altamente efectiva, de Steven Covey:

1. Sé Proactivo, vive dentro de tu visión personal (MARCA).
2. Empieza con el fin en mente. Liderazgo personal.
3. Primero lo primero, relaciones interpersonales.
4. Primero busca entender, luego ser entendido. Comunicación empática.
5. Sinergia, cooperación creativa.
6. Afila la sierra, renovación balanceada del ser.

   Nuevos hábitos de empoderamiento para tener en cuenta:

1. Hazte a ti misma tu pregunta que empodera con frecuencia (Marca).
2. Revisa tu Visión frecuentemente (empieza con el fin en mente).
3. Planea tu día como la primera cosa.
4. Revive cada día antes de dormir.
5. Adopta una actitud de gratitud. Sé agradecida por lo que TIENES. LA GENTE TRABAJARÁ MÁS DURO POR RECONOCIMIENTO QUE POR COMPENSACIÓN.
6. Dirige tus propias expectativas y las de otros, las expectativas no conseguidas roban tu alegría.
7. Para de discutir, acusar y quejarte.

8. Para de juzgarte a ti misma y a otros duramente.
9. Sonríe en cada oportunidad, es bueno para todos y te hace mucho más atractiva.
10. Sé amable, produce inesperados actos de amabilidad cuando la oportunidad se presenta.
11. Escucha. Escucha verdaderamente a otras personas para encontrar maneras de conectar más profundamente.
12. Usa el poder del contacto para una salud y bienestar mejor, construyendo confianza y conexiones más profundas.
13. Di la verdad y haz tu vida más fácil para ti y todos lo que te rodean. "Quienquiera que sea descuidado con la verdad en pequeños asuntos, no se le puede confiar asuntos importantes", Albert Einstein.

PRACTICA TUS NUEVOS HÁBITOS EN CADA OCASIÓN

Cualquier hábito que practiques, bueno o malo, llega a ser permanente, así que reemplaza tus malos hábitos con otros mejores.

Muy poca gente establece un nuevo hábito permanente en 21 días, así que sé consciente. Estos 21 días son un gran comienzo y debería ser celebrado, pero no te quedes sorprendida si vuelves nuevamente a viejos hábitos. El tiempo medio que toma incrustar un nuevo hábito está probado en ser de 80 días, casi cuatro veces más. Puede tomar tanto como 254 días, dependiendo del hábito y la persona.

Hay MUCHOS otros buenos hábitos que puedes adquirir. Estos son solo algunos que puedes adoptar fácilmente que te dejarán lista para recibir más amor en tu vida y llegar a ser más atractiva.

¿Cuáles nuevos hábitos estás eligiendo adoptar y practicar hoy? Escríbelos en tu diario y comprométete ahora.

Capítulo 10.

¿Quieres tu poder de vuelta?

Exploraste una pregunta muy poderosa y un contexto de vivir dentro de ella y creaste una "MARCA" en el capítulo 8 (página 137), al hacer el ejercicio 12 (página 265).

¿Te han empoderado o desempoderado las preguntas en las que has estado viviendo dentro de ti hasta ahora?

Si has estado viviendo dentro de una desempoderada pregunta como: "¿Mi culo parece grande en esto?", tu vida se enfocará en la figura de tu cuerpo (no necesariamente en tu salud). Probablemente te preocuparás de todo lo que entre en tu boca, cómo luces, tu reflejo, el ejercicio, tu armario y lo que otra gente piensa.

Si tu pregunta es: "¿Cómo alimentaré a mi familia este mes?", te enfocarás en priorizar tus gastos y hacerte a ti misma preguntas como "¿De dónde vendrá la comida (o el dinero para pagar la comida)? ¿Cómo puedo conseguir una promoción? ¿Puedo trabajar más duro o más horas? ¿Cómo puedo encontrar un trabajo en el que me paguen más o dónde puedo recortar mis gastos?".

Si te preguntas a ti misma: "¿Alguna vez encontraré alguien quien me AME tal y como soy?", podrías estar enfocándote en lo que está mal de ti, qué es lo que está empujándolos fuera e intentando rectificar tus defectos o dejando de ser cuidadosa.

Si has estado viviendo dentro de preguntas desempoderadas como estas hasta ahora, ¿por qué no pensar en cambiar ahora estas preguntas a una más positivas y que empoderen? Cuando estás en "el modo de destrucción", toda tu energía y tiempo se enfocarán en lo negativo y en el declive, porque *crecerá aquello en lo que te enfoques*.

¿Es de extrañar que una proporción tan grande de personas en el mundo occidental sufra de depresión?

Al observar tu vida hasta ahora, ¿puedes identificar alguna de las preguntas que han conducido tus acciones? ¿Te han impedido tus preguntas y actitud disfrutar de la vida? ¿Te han impedido atraer el AMOR que mereces? La prueba recae en los resultados que has tenido hasta ahora.

Hemos sido entrenados y condicionados para jugar de forma limitada por la sociedad desde nuestros padres y el colegio. Los padres no quieren limitarnos. Ellos lo hacen como un acto de AMOR. Si han experimentado alguna vez grandes decepciones, miedo o sufrimiento, guiarán a sus hijos a que se comporten de una manera en particular para evitarles experimentar lo mismo.

Es miedo: "TE AMO, entonces actuarás de esta manera para evitar experimentar el sufrimiento que yo experimenté".

Los problemas y las frustraciones de la juventud pueden construirse cuando los niños no entienden las razones de lo que parecen restricciones irrazonables. Si vas a aconsejar a tus hijos que se comporten de una cierta manera, ¿por qué no dejarles saber por qué? Mandar a la gente a que se comporte de una cierta forma nunca funcionará a largo plazo y alimentará el resentimiento. Edúcales para que entiendan tu razonamiento.

Cuando tienes miedo de perder algo valioso para ti, llegas a ser controlable, predecible y gobernable por otros en algún contexto.

Los problemas para la gente con autoridad (padres, profesores, gobernadores, etcétera) ocurren cuando NOSOTROS, la gente corriente, llegamos a ser creativos, al usar nuestra imaginación para lo que podría ser posible, cuando mostramos señales de alterar el *statu quo*. Las figuras de autoridad tienden a reaccionar "cortando de raíz" y manteniendo el *statu quo*.

Solo observa el problema que un sabio y humilde abogado de derecho hindú causó por la regla británica en India entre 1915 y 1948. Inspirando a los hombres del país a llevar a cabo actos de no violencia desobedeciendo y actuando completamente dentro de la ley causó a las autoridades británicas un sinfín de problemas.

Los británicos no supieron cómo tratar con este comportamiento sin precedentes, ¿cómo castigas y das ejemplo antes de que se haga incontrolable (miedo) cuando no se ha cometido ningún crimen?

¡Esta pacífica protesta fue sin precedentes, impredecible y demasiado poderosa! Mucho más poderosa que luchar hacia la destrucción.

Obviamente me estoy refiriendo a Gandhi, quien aplicando tácticas de no violencia, verdad y AMOR en todo momento, finalmente llevó a India hacia la independencia de los británicos. Sus acciones inspiraron movimientos pacíficos de derechos liderados por personajes admirables, como Nelson Mandela y Martin Luther King, por todo el mundo.

"Cuando me desespero, recuerdo que, a través de la historia, los caminos de la verdad y del amor siempre han triunfado. Ha habido tiranos, asesinos, y por un tiempo pueden parecer invencibles, pero al final siempre caen. Piénsalo, siempre"

-MAHATMA GANDHI.

Gandhi fue un ejemplo poderosamente remarcable viviendo como LOVE on LEGS. Su AMOR incondicional atravesó todas las barreras.

Es cuando miras y vives dentro de posibilidades (preguntas) en vez de probabilidades cuando llegas a ser más creativa. Cuando te comprometes con un deseo ardiente de convertir esas posibilidades en una realidad (sin el fracaso como opción) llegas a ser una persona sin miedo y creativa, impredecible e incontrolable a los ojos de otros.

Este eres TÚ reclamando tu poder de vuelta y podría ser desconcertante para aquellos que te rodean. Tienen miedo al cambio, ellos (como las autoridades británicas en India) llegan a estar incómodos e inseguros cuando llegas a ser más confiada e impredecible. El *statu quo* es amenazante. Y, por último, tienen miedo de perder el control sobre ti y perder tu AMOR. No dejes que sus MIEDOS te influencien. Ahora es el momento de entrar en tu poder y brillar.

¿Puedes ver que hay AMOR para ser encontrado en cada experiencia que te rodea? Solo tienes que dejarlo y permitirlo entrar. Si está dentro de ti y en todo lo que te rodea, ¿estás preparada para recibirlo?

¿Lo has empujado conscientemente o inconscientemente lejos de ti hasta ahora?

Entonces, ¿y si cambias tu "pregunta" a una pregunta más poderosa sobre la que puedes pensar? Una pregunta que te dé una razón para salir de la cama cada mañana y abrazar el día.

¿Puedes incluso imaginar un momento en el que estás realmente emocionada al despertarte en cada una de tus mañanas?

¡Tú puedes tener eso! ¡Solo necesitas el coraje para elegirlo!

¡Todo lo que necesitas es una pregunta inspiradora en la que vivir, una pregunta que te emocione y te empodere! Más que perseguir el "AMOR de tu vida", ¿por qué no buscar el AMOR dentro de ti y naturalmente atraer el AMOR que deseas? Puedes preguntarte a ti misma:

> "¿QUIÉN NECESITO SER PARA ATRAER TODO EL AMOR QUE QUIERO Y MEREZCO?".

Si quieres una pregunta más poderosa, una MARCA más poderosa en la que vivir dentro, y si te saltaste el EJERCICIO 10 – VISIONANDO en la página 241, ¡hazlo ahora!

 Entonces, si estás verdaderamente comprometida a hacer un cambio en tu vida, **haz el EJERCICIO 14** – CREANDO UN FUTURO MÁS PODEROSO Y EMOCIONANTE, en la página 257.

RESUMEN CAPÍTULO 10

- Identificaste las preguntas con las cuales has estado viviendo hasta ahora. ¿Están ellas empoderándote? Si has estado viviendo dentro de ti con preguntas que no empoderan, quizás ahora es el momento de buscar preguntas que sí lo hagan.

- Observaste cómo el contexto de vida de ahora en adelante (tu pregunta empoderada) te puede empoderar o no.

- Vimos cómo Gandhi inspiró a la gente de la India a través del AMOR, entendimiento, perdón y protesta pacífica para ganar independencia exitosamente de las reglas británicas. Él fue el maestro del AMOR incondicional y verdadera SABIDURÍA. Gandhi fue un brillante ejemplo de ser LOVE on LEGS.

- Cuando miras y vives dentro de posibilidades (preguntas) más que de probabilidades, llegas a ser más creativa.

- Hay amor para ser encontrado en cada experiencia que te rodea. Solo tienes que elegir recibirlo.

- ¿Quién necesitas ser para atraer todo el AMOR que quieres y mereces?

Capítulo 11.

¿Eres love on legs?

"Desearía que la gente amara a los demás de la misma manera que me aman. Sería un mundo mejor"

-MUHAMMAD ALI.

Viviendo como LOVE on LEGS es vivir tu vida de una forma poderosa para que salgas ahí fuera al mundo con seguridad y AMOR incondicional para ti misma y para otros.

Es como mirar hacia delante con entusiasmo y celebrando tus logros. Viviendo de esta manera, beneficiarás a todo el mundo que conozcas y atraerás toda la atención que alguna vez imaginaste.

Es compartir y demostrar amabilidad a otros, permitiéndote a ti misma dar y recibir AMOR libremente.

¡No te olvides de ser amable contigo misma también! Aprende a AMARTE incondicionalmente. Si encuentras eso difícil empieza por ser amable con los otros primero, cuanto más hagas esto (y otras personas ven a alguien que les gusta y AMAN), más empezarás a AMARTE naturalmente a ti misma.

Recuerda, ¿cómo podría alguien siquiera AMARTE si tú no puedes?

El secreto para ser irresistiblemente atractiva a otros está dentro de ti. Siempre ha sido así desde el momento que naciste. Simplemente te has olvidado de esto.

Has estado tan ocupada en tu vida, haciendo lo necesario y cumpliendo roles, que has jugado para sobrevivir y existir, que has perdido tu verdadero ser por el camino. Esto ha llevado al estrés, frustración y en algunos casos enfermedades crónicas. Has olvidado AMARTE y ser amable contigo misma.

"Cuando te amas a ti mismo, encontrarás fácil amar a otros, porque no puedes dar lo que no tienes"

-Gugu Mona.

Cuando estás viviendo en un estado de LOVE on LEGS, estás tomando el control de TU vida, no permitiendo a influencias externas tener poder y control sobre ti.

Vivir como LOVE on LEGS es diseñar y vivir una vida que AMAS, cogiendo tus dones y talentos naturales y usándolos de una forma que beneficia a otros. Es como estar completa porque estás compartiendo lo que TÚ AMAS, y, como consecuencia, sirviéndolos, y tú te sirves a ti misma también.

Estás liderando con el ejemplo, dándoles a otros el permiso de ser ellos mismos y hacer lo mismo también.

La gente está naturalmente atraída por tu forma de ser. Sumamente segura y maestra en un campo en el que eres apasionada. ¡Fluyendo! Todos querrán estar alrededor tuyo.

Es tu propósito compartir estos dones con el mundo, incluso si estos son simplemente ser una madre y amar a tu familia. Si es eso para lo que estás aquí, enfócate en eso. Asegúrate de que cada elección que tomas a partir de ahora en adelante te lleve hacia ese propósito. Entonces crecerás para AMARTE más a ti misma y a tu vida, y, haciendo eso, serás más atractiva a las personas y cosas que sirven a tu propósito, naturalmente. Relájate y acepta, esto es quién tú eres.

LOVE on LEGS es sobre ser valiente y vivir sin miedo, dándote cuenta de que cualquier miedo que tú o los otros estén sintiendo en ese momento están limitando tu experiencia humana. Entonces identifica ese miedo y entra a través de él. Si no sabes cómo, sigue trabajando en ello. Siempre hay una manera (Los seis fantasmas del miedo, página 73).

Habiéndote transformado a ti misma, que no te sorprenda si la gente previamente cercana a ti empieza a reaccionar diferente y podría incluso evitarte.

La única gente que ahora no te encontrará atractiva es aquella que está controlada por el miedo. De alguna manera amenazaste sus creencias, su *statu quo*.

Cuando te liberas a ti misma de las fronteras del miedo, preferirán darte por equivocada en vez de observar interiormente sus asuntos. Hay un cierto placer subliminal en ser miedosos, porque no tienen que tomar responsabilidad de sus propias vidas.

Crean todo tipo de excusas para sus circunstancias más que tener la valentía de tomar la responsabilidad de sus resultados. Siempre hay algo o alguien para acusar, nunca a ellos mismos.

Esto no es sobre ti, esto son sus asuntos. Ahora te asocian con algo que no quieren enfrentar en sus vidas.

No permitas que sus pequeñas perspectivas personales te hundan. Elige rodearte de personas inspiradoras. Sé valiente, déjalos atrás si puedes y, por encima de todo, sé verdadera a ti misma. Tú todavía puedes AMARLOS, simplemente elige emplear menos tiempo con ellos.

"Debes constantemente preguntarte a ti mismo estas preguntas:
¿De quién me estoy rodeando?
¿Qué me están haciendo?
¿Qué me hacen leer?
¿Adónde me dejan ir?
¿Qué me hacen pensar?
Y lo más importante, ¿qué me hacen llegar a ser?
Entonces pregúntate a ti mismo la gran pregunta:
¿Está esto bien?"

-Jim Rohn.

Ser LOVE on LEGS es AMAR incondicionalmente, perdonar a aquellos que te han hecho quedar sin razón. Perdonar te libera del poder que tienen sobre ti (el cual TÚ creaste en realidad). Recuerda, "MIEDO = Prueba falsa que aparenta ser real". Solo cuando verdaderamente perdonas, eres libre de esa barrera emocional negativa.

Cuando dejas de jugar de forma limitada en este mundo y encuentras la valentía de hacer las cosas que AMAS hacer, encontrarás felicidad, alegría y AMOR, y estando en un estado de AMOR, naturalmente atraerás más y más AMOR en tu vida, sin esfuerzo.

Has aprendido que has jugado muchos roles en esta vida hasta ahora y cada uno de esos roles han dado forma a tus comportamientos y hábitos de alguna forma. Estos comportamientos y hábitos fueron formados para que sobrevivieras (y esperanzadamente prosperaras) en esos entornos. Algunos de estos hábitos fueron desarrollados antes de que tuvieras incluso seis años. ¿Crees que todavía se aplican en tu vida de adulto ahora?

Para llegar a ser LOVE on LEGS has tenido que identificar los hábitos y comportamientos que ya no te sirven y reemplazarlos con mejores y más poderosos hábitos.

Estás de camino a la Maestría de tu ser.

Habrás incrementado tu autoestima y valoración propia y tendrás una nueva manera de mostrarte ante el mundo. Ser LOVE on LEGS es atractivo en su propia naturaleza.

Si piensas sobre ello, la confianza suprema es un trato extremadamente atractivo. Cuando alguien está seguro de sí mismo supremamente en un área en particular en la que ha llegado a la maestría (incluso si no fuera conocido como seguro de sí mismo en persona), cuando compartes interés en esa misma área hay una alta probabilidad de encontrarlo extremadamente atractivo y felizmente invertirás tu tiempo y dinero para estar con él.

Asimismo, cuando eliges compartir TUS talentos y dones con el mundo, naturalmente atraerás personas con los mismos intereses. Cuando estás supremamente segura y dominas un área que a los demás les apasiona, tu "apariencia" llega a ser irrelevante.

Si mantienes tus dones y talentos naturales escondidos del mundo, ¿cuáles son las oportunidades de encontrar a alguien con intereses similares mientras haces lo que has estado haciendo hasta la fecha? Entonces, ¿por qué no empezar a compartir ahora?

Cuanto más compartas, más gente atraerás. Quizás por primera vez en la memoria de la vida experimentarás ser atractiva para otros porque estás siendo verdadera contigo misma.

> *Cuanto más sigas los principios de LOVE on LEGS, más atractiva llegarás a ser para todos y todo lo que deseas en la vida.*

Si todavía no te AMAS a ti misma, ¡puede que quieras considerar empezar de verdad a trabajar sobre ello ahora mismo! Tienes la consciencia, la información en este libro y una elección. ¿Quieres continuar viviendo de la misma manera en la que has estado viviendo, jugando a ser víctima, pequeño, insatisfecha y sin poder para cambiar tu situación? ¿O te armarás de valentía para cambiar tu vida? Es tu elección.

Puedes transformar tu vida dramáticamente cuando:

- ✓ Buscas el AMOR dentro de ti y alrededor de ti y te permites a ti misma recibirlo.
- ✓ Transformas tu lenguaje negativo en positivo, un lenguaje más poderoso.
- ✓ Aprendes a AMARTE a ti misma incondicionalmente.
- ✓ Te perdonas a ti misma y a otros por los fallos y te liberas a ti misma del sufrimiento de ese miedo y enfado.
- ✓ Descubres lo que amarías hacer y encuentras una manera de hacerlo, conseguir un mentor y pedir ayuda si lo necesitas.
- ✓ Delegas todo lo que odias hacer y te enfocas en las cosas más grandes de tu vida. Pregúntate: "¿Esta acción me lleva más cerca hacia mi objetivo o me aleja?". Si no apoya

tu objetivo, delégala. Busca un equipo de personas a tu alrededor que te apoye en tu visión y pídeles ayuda.

- ✓ ¡Empieza el proceso de diseñar una vida que amarías vivir ahora! Visualízala en el más fino detalle y después hazla realidad.
- ✓ Toma nuevos hábitos y mantén la práctica. Reemplaza cualquiera de tus viejos hábitos que ya no te sirven con los nuevos y mejores hábitos que te empoderan.
- ✓ Encuentra para ti misma un mentor o un grupo que te ayude en tu vida transformada y futuros proyectos.
- ✓ Haz nuevos amigos. Construye relaciones valorables. No emplees más tiempo con las personas que te roban la alegría, los que dudan, los que acusan y los que se quejan. Tú eres mucho más que eso. Invierte tu tiempo en la gente que te empodera.
- ✓ Sé amable contigo misma. Emplea más tiempo en entornos y en gente que te inspira. Encuentra a aquellos que están alineados con tus valores.

¿Está claro que a menos que tú te AMES y te aceptes a ti misma como TÚ eres, no podrás AMAR o permitirte ser amada por otros ya que no te consideras merecedora de ese AMOR? ¿Has pillado esto?

Siempre busca lo bueno de otros (todos tienen algo bueno) y acepta sus formas de ser. Es increíble cómo de alegre tu vida puede ser, ¿verdad?

Habiendo aprendido a perdonarte y a AMARTE a ti misma y a otros incondicionalmente, te liberas del dolor y del ardiente enfado, miedo y odio (¿recuerdas a Gordon Wilson?). Ya no eres una víctima de cualquier acción de miedo en contra de ti.

Cuando tienes la valentía y el compromiso de tomar elecciones arriesgadas y cambiar la forma en la que te muestras al mundo, cuando eliges el AMOR y el perdón sobre el miedo y el odio, y eliges la gratitud sobre la acusación, puedes tener cualquier cosa, incluido todo el AMOR que puedes querer.

Para cambiar tu experiencia de vida, TÚ tienes que cambiar.

> Vive dentro del contexto de **LOVE** on LEGS y llegarás a ser **LOVE** on LEGS.
> Cuando estás siendo **LOVE** on LEGS, naturalmente atraerás más **AMOR** a tu vida.

Permite entrar a todo el AMOR que te rodea, solo tienes que abrir tus ojos, tu mente y tu corazón, porque TÚ eres merecedora de recibir AMOR.

> **La vida puede ser FÁCIL, ¿cómo de FÁCIL deseas que sea?**

La mayoría de la gente exitosa tiene mentores y grupos para dominar el cerebro en diferentes áreas de sus vidas. Estos mentores son maestros de disciplinas particulares. Si de verdad quieres cambiar tu vida, por qué no conseguir un mentor (o apuntarte a un grupo) para cada área de tu vida que quieras mejorar, alguien que tenga la maestría en esas áreas que quieres dominar y pueda guiarte.

Consigue ayuda para identificar qué te está echando para atrás, ¿algo escondido en tu punto ciego?

Todos tenemos puntos ciegos, son lo que no somos capaces de ver.

¿Por qué seguir otro día más sin todo el AMOR que mereces?

Recuerda: "*La manera en la que haces cualquier cosa es la manera en la que lo haces todo*" (Tom Waits). Eso fue ayer. Ahora tienes el poder y el sistema de cambiar eso HOY.

Si quieres diferentes resultados de los que has tenido hasta ahora, actúa intercambiando algunos de tus hábitos y pensamientos viejos por algunos más poderosos. ¿Cuáles de los nuevos hábitos vas a practicar inmediatamente?

Si has obtenido un valor masivo de este libro, ¿a quién sabes que podría beneficiarle lo que has aprendido? Por favor, comparte este libro con ellos.

¿Puedes imaginar cómo tu vida podría cambiar para mejor si todos a tu alrededor llegasen a amarse y perdonarse a ellos mismos y a todos los demás? ¿Por qué no darles el regalo del AMOR?

Si ya has hecho eso, por favor únete a nuestra comunidad colaborativa empoderada registrando tus datos en LOVEonLEGS.com. ¡Aquí tendrás acceso a herramientas, eventos, recursos y ofertas especiales para inspirar al irresistiblemente nuevo y poderoso TÚ!

Llega a ser un embajador de LOVE on LEGS, llega a ser el cambio que quieres ver en el mundo. Lidera tu vida dando ejemplo.

Nosotros en LOVEonLEGS.com te apoyamos a llegar a ser el mejor futuro TÚ, ¡un futuro de AMOR, alegría y satisfacción!

Piensa en cómo puedes jugar tu parte para hacer del mundo un lugar mejor para todos; persona a persona, empezando contigo.

Por favor, únete a ser LOVE on LEGS en acción en el mundo.

¡Llega a ser irresistiblemente atractiva con nosotros hoy!

Gracias, deberías felicitarte a ti misma por completar este libro.

Es un gran logro y demuestra que estás determinado a mejorar tu vida y tus relaciones. Has sido retada a veces y requiere una valentía increíble cambiar. Deberías estar orgullosa de tus acciones y celebrar el nuevo TÚ.

Si te encuentras a ti misma volviendo a tus viejos patrones de comportamiento, es normal (eres humano), así que perdónate a ti misma, refamiliarízate con tu marca y consigue volver al camino. ¡Bien hecho! Felicítate a ti misma y celebra este gran paso hacia delante. Has llegado muy lejos.

Permítete siempre ser irresistiblemente atractiva otra vez.

Mantente abierta a recibir AMOR cuando aparezca. Trabaja en dominarte a ti misma y a tus pasiones cada día porque la confianza suprema es irresistiblemente atractiva.

Sé agradecida por lo que tienes en vez de enfocarte en lo que no has conseguido. Empieza a compartir tus dones y talentos.

Abordar los hábitos explicados en este libro te beneficiará en la manera en la que otras personas se relacionan contigo llegando a ser irresistiblemente atractiva. Llega a formar parte de nuestra comunidad, millones de personas en el mundo ya son LOVE on LEGS.

Con AMOR y afecto,

Hanna xx

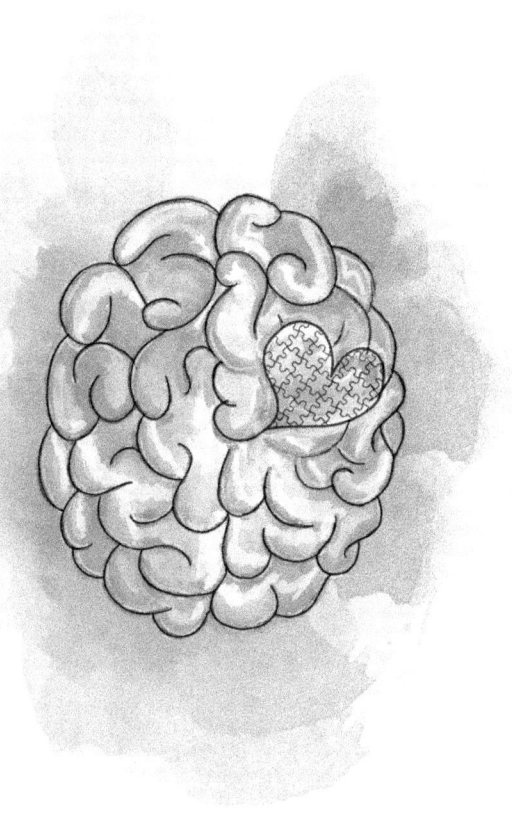

EJERCICIOS

Necesitarás un diario o libreta para hacer estos ejercicios. Si tienes un pensamiento o idea interesante mientras haces el ejercicio, anótalo INMEDIATAMENTE y subráyalo.

No te fíes de tu memoria.

"Hay tres cosas que dejar atrás: tus fotografías, tu biblioteca, y tus diarios personales.

¡Estas cosas serán mucho más valoradas por futuras generaciones que por tus muebles!

Sé un coleccionista de buenas ideas, pero no te fíes de tu memoria. El mejor sitio que tendrás para guardar todas las ideas e información es tu diario"

— Jim Rohn.

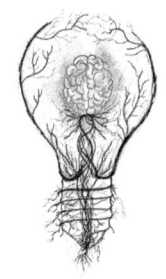

EJERCICIO 1. (Cap. 1)

Si el dinero no fuese un problema, ¿cómo sería tu vida?

> **ESCENARIO:**
>
> *Imagina que mañana te enteras de que te han dejado 100 millones en efectivo, de tu tío muy lejano, el cual está a tu disposición para emplear e invertir de cualquier forma que elijas.*
>
> *Ahora avanza hacia dentro de diez años. ¿Puedes imaginar cómo sería tu vida si tuvieses todo lo que quieres y necesitas?:*
>
> *¿Increíbles relaciones?*
>
> *¿Una profesión gratificante?*
>
> *¿Una encantadora familia que te apoye a tu alrededor?*
>
> *¿Mucho tiempo y dinero para divertirte haciendo lo que AMAS?*

> *Emplea un poco de tiempo en esto, ¡diviértete! Al responder estas preguntas, ¡recuerda que ahora vas a responderlas como tu futuro yo!*

Ahora responde a las siguientes preguntas en tu diario:

1. ¿Qué fue lo primero que hiciste con parte o todo el dinero?
2. ¿Qué más hiciste con el dinero?
   - ¿Cuánto dinero invertiste, y en qué, si hubo algo, lo invertiste?
   - ¿Cuánto gastaste? ¿Qué compraste?
   - ¿Cuánto ahorraste?
   - ¿Cuánto dinero regalaste y a quién se lo diste? ¿Qué hizo para que le regalaras el dinero?
   - ¿Donaste a alguna ONG, buenas causas u organizaciones sin ánimo de lucro?
   - ¿Invertiste en alguna educación propia, desarrollo personal o algo parecido?
   - ¿Invertiste en un negocio?
3. Dentro de diez años, ¿eres feliz? ¿Estás contenta de despertarte por las mañanas?
4. ¿Estás trabajando? Si es así, ¿en qué competencia?
5. ¿Qué buenas causas y proyectos estás apoyando (si hay alguno)?
6. ¿Tienes alguna pareja en el AMOR? ¿La conoces ya? Si no, describe en detalle las cualidades que deseas en tu futura pareja.

7. Si no ves tu futuro "yo" con amor en tu vida, ¿por qué piensas eso?
   - ¿Prefieres tu propia compañía?
   - ¿No confías en nadie?
   - ¿Apartas a la gente?
   - ¿Estás de alguna manera protegiéndote a ti misma?
   - ¿Tienes miedo de salir herida?
   - ¿Simplemente amas la libertad que asocias con no tener apegos emocionales?
   - ¿Hay alguna otra razón?
8. ¿En qué parte del mundo estás viviendo (en detalle)?
9. ¿Con quién compartes casa?
10. ¿Cómo es tu casa?
11. Si trabajas, ¿cómo es un día en tu trabajo? ¿Estás haciendo lo que estabas haciendo hace diez años o algo diferente?
12. ¿A quién o a qué está tu trabajo sirviendo?
13. ¿Qué haces que amas en tu tiempo libre?

Si las preguntas anteriores te llevaron a un maravilloso estilo de vida completamente diferente al cual estás llevando actualmente, vas a estar muy contenta de elegir este libro porque más tarde aprenderás cómo conseguir cualquier cosa que quieras atrayéndolo a ti de forma natural.

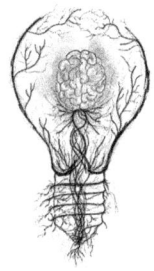

EJERCICIO 2. (Cap. 2)

¿Qué es el amor para ti?

El amor puede significar muchas cosas para mucha gente y es a menudo malentendido. El propósito del ejercicio es llevarte a una época donde estuviste en un estado de amor y recordarte cómo fue. Si lo has experimentado antes, puedes experimentarlo otra vez en cualquier momento que desees.

1. ¿Puedes recordar una época en la que verdaderamente te sentiste "en el amor"? ¿Cuándo fue eso?
2. ¿Cómo se sentía? ¿Puedes describirlo?
3. ¿Parecía que todo en el mundo estaba perfecto?
4. ¿Todo parecía posible y más fácil?
5. ¿Estabas feliz? ¿Eufórica? ¿Bendita?

6. ¿En ese momento tus relaciones con todos alrededor de ti parecían mucho más fáciles? ¿Estabas feliz con todos y con todo?

7. ¿Dirías que eras "UNO" en paz con el mundo?

8. ¿Sentiste una gran conexión con otras personas?

9. Volviendo a atrás, ¿podrías decir que estabas "FLU-YENDO"?

10. ¿Qué te importó realmente en ese momento?

11. En la escala del 1-10 (donde 10 = perfecto), ¿cómo podrías calificar tu vida entonces?

12. Compara ese día con hoy, ¿cómo puntuarías tu vida de 1 a 10 ahora?

13. Si te dieran a elegir, ¿cuál preferirías, la vida que tienes hoy o la vida que tenías cuando estabas en el AMOR?

14. Si actualmente no estás allí, ¿cómo te gustaría estar en el AMOR cada día? Poniéndolo de otra manera, ¿cómo te gustaría ser LOVE on LEGS todo el tiempo?

Ahora quiero que te pongas de nuevo en una situación en la que experimentaste AMOR. Si nunca has experimentado lo que llaman amor, no contestes a las preguntas 15-22.

15. ¿Cuánto tiempo hace que experimentaste AMOR por última vez?

16. ¿Dónde estuviste?

17. ¿Cuántos años tenías?

18. ¿Estabas feliz de estar viva? ¿De disfrutar? ¿Positiva? ¿Esperanzada? ¿Segura de ti misma? ¿Amable? ¿Radiante?

19. ¿Eras más generosa, aceptabas más de los otros?

20. ¿Fuiste más agradecida por las buenas cosas en la vida? ¿Apreciando lo que TENÍAS con escasa atención sobre lo que no tenías?

21. ¿Qué es lo que verdaderamente te importó en ese momento? ¿Algo?

22. ¿Qué pasa si tienes miedo?

Ahora piensa sobre ello. Cuando estás en el AMOR, ¿estás más feliz? ¿Cómo son influenciadas todas tus relaciones con la gente que te rodea? ¿Positivamente o negativamente?

¿Podría ser posible que el mundo entero pareciera como un lugar mejor porque estaba respondiendo a quien tú estabas SIENDO? ¿Estabas llena de AMOR y estabas atrayendo AMOR en respuesta?

¿Puedes SER así otra vez?

La respuesta es SÍ, TÚ PUEDES, ¡en cualquier momento que TÚ elijas!

Si piensas sobre ello, cuando vives en el miedo, en vez de ser más creativa, te contraes; todo es más difícil y doloroso, y atraes más experiencias difíciles y dolorosas para ti.

Cuando estás en un estado de amor, cuando estás siendo LOVE on LEGS, tú llegas a ser mucho más creativa, tu mente no está siendo restringida por el miedo. Más que gastar energía enfocándote en sobrevivir y arreglar cosas, naturalmente empiezas a crear soluciones (donde previamente hubieras visto solo problemas). La vida llega a ser más fácil y atraes más amor y buenas experiencias.

¿Está esto empezando a tener sentido?

Si ELIGES AMOR (eliges vivir como LOVE on LEGS) y tomas las acciones requeridas para estar en el estado del AMOR, los milagros ocurrirán en tu vida.

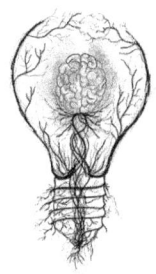

EJERCICIO 3. (Cap. 2)

¿Quién eres tú realmente?

1. ¿Te importa lo que la gente piense de ti?
2. ¿Es importante para ti verte bien a los ojos de otros?
3. ¿Tienes un fuerte sentido de lo que está bien y lo que está mal?
4. ¿Es importante para ti corregir a las personas si ellos dicen o hacen algo que tú juzgas que está mal o incorrecto?
5. ¿Hasta dónde llegarías para proteger tu punto de vista? A lo que me refiero es, si alguien dice algo con lo que tú estás en desacuerdo, ¿tienes que corregirlo? ¿Tienes que luchar por tu punto de vista hasta que ellos estén de acuerdo contigo? O, ¿puedes permitirles tener sus puntos de vista y dejarlos estar?

6. ¿Te gusta ser percibida como exitosa y fabulosa? ¿Es importante para ti aparentar que eres fuerte y capaz? ¿Incluso cuando tu mundo se está desmoronando?

7. ¿Les enseñas a los otros tu lado vulnerable, cargando tu corazón sobre tus manos, o te gusta jugar tus cartas lo más cerca posible del pecho?

8. ¿Quién es la persona que te gustaría proyectar en el futuro?

¿Quién quieres que los otros piensen sobre quién eres? ¿Eres tú? ¿El auténtico y verdadero tú? ¿O es una personalidad que has creado para sobrevivir y prosperar, para protegerte a ti misma del daño en el mundo?

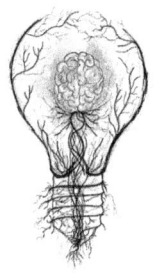

EJERCICIO 4. (Cap. 3)

¿Cómo te relacionas contigo misma?

Este ejercicio consigue que eches un buen vistazo a tu relación más significativa en tu vida, ¡TÚ!

Cuando respondas a estas preguntas en tu diario, solo escribe las primeras respuestas que vengan a tu mente, no pienses en exceso.

1. ¿Te AMAS a ti misma?
2. ¿Dónde te pondrías en una escala del 1-10 (donde 1 = odio y 10 = AMOR)?
3. ¿Qué (si hay algo) es lo que te gustaría cambiar sobre ti misma?

4. ¿Por qué no has cambiado ya lo que quieres cambiar en la respuesta a la pregunta 3? ¿Podría estarte sirviendo de alguna manera?

5. ¿Tienes algún diálogo interno negativo en este tema? Ahora indaga profundamente sobre esto, si no sabes lo que es, escúchalo a partir de ahora.

6. ¿Qué otras cosas has escuchado de ti sobre ti misma cuando la vida se pone difícil?

7. ¿Qué razones (si hay alguna) das si no tienes éxito en algún área? ¿Te echas la culpa, echas la culpa a otros, le echas la culpa a las circunstancias o das un paso al frente y aceptas la responsabilidad?

8. ¿Cuáles son las tres cosas más significativas que has notado sobre cómo te relacionas contigo misma?

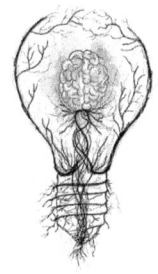

EJERCICIO 5. (Cap. 3)

Trabajando en tu autoestima

El objetivo de este ejercicio es que tomes las riendas y entiendas la raíz de tus problemas de autoestima. Incluso conseguirá que te enfoques en lo que HAS conseguido y tienes en vez de lo que no tienes.

De nuevo, no pienses en exceso las respuestas, escribe las primeras cosas que te vengan a la cabeza y déjalas fluir, no descartes nada como insignificante o no importante. Responde lo más completo que puedas. RECUERDA que esto NO es un examen. ☺☺

1. Escribe todo lo que recuerdas que amabas hacer de pequeño.
2. ¿Puedes recordar algo en lo que fuiste particularmente buena entonces?
3. ¿En qué te elogiaban los adultos?

4. ¿Había algo específico que querías ser o hacer cuando crecieras? Si es así, ¿cuáles fueron aquellas cosas y más o menos a qué edad elegiste esto?

5. ¿Querías ser alguna de esas cosas para hacer a otras personas felices?

6. ¿Qué diría tu mejor amiga hoy que son tus mejores características?

7. ¿Estás de acuerdo?

8. ¿Cuáles crees TÚ que son tus mejores características?

9. ¿En qué crees que eres buena hoy y que AMAS?

10. ¿Tienes algunos talentos o dones particulares? Si es así, ¿cuáles son?

11. ¿Cuál dirías que es tu mayor logro hasta la fecha?

12. Escribe una lista de cualquier otro notable logro que has tenido.

13. ¿Qué es lo que más valoras? Haz una lista.

14. ¿Cómo es la mejor versión de ti misma en este momento? ¿Cómo te estarías comportando, qué es lo que estarías haciendo, diciendo, llevando puesto, sirviendo y jugando?

15. ¿Es esta versión de ti verdadera a tu naturaleza según tú? ¿O es esta una versión creada por ti para impresionar y ser amada por otra gente?

Mira bien las respuestas de tus preguntas.

¿Qué ves? ¿Te gusta lo que ves? ¿Lo sientes real a ti? ¿Qué es lo que está diciendo la pequeña voz en tu cabeza? ¿Es positiva o negativa? ¿Es juiciosa? O está diciendo: "¡Vaya! Eres bastante increíble cuando te miro desde aquí". Deberíamos hacer más de las buenas cosas que solíamos hacer y divertirnos.

¿Estás utilizando tus dones y talentos naturales o estás forzándote a ti misma a hacer las cosas porque tienes que hacerlas?

¿Cómo de auténtica estás siendo en tu vida hoy?

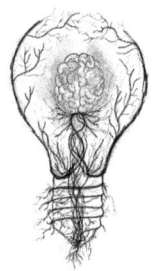

EJERCICIO 6. (Cap. 5)

Los roles que has jugado y cómo te han moldeado

Este es un ejercicio de reflexión, sobre lo que te ha dado forma. Lo bonito es que sea lo que sea que te haya dado forma en el pasado es irrelevante en tu futuro. Podría ser una mochila que te empuja hacia abajo y no te ha servido. Puedes crear un nuevo y excitante futuro para ti en cualquier momento que TÚ ELIJAS si tienes el coraje de apartar la mochila que te ha parado hasta ahora.

Este ejercicio es una herramienta que te ayuda a ganar claridad dentro de lo que te ha moldeado hasta hoy. ¿Te sirve hoy en el contexto del nuevo futuro que estás creando? Si no, ¿qué vas a hacer?

1. Escribe una lista de todos los roles que has jugado en este juego llamado VIDA hasta ahora. (*Por ejemplo, la mía sería así:* hija, nieta, sobrina, prima, hermana, amiga del colegio, estudiante, música, bailarina, artista, capitana de baloncesto, miembro del equipo de *hockey*, capitana de la casa, novia, tripulante de vela, amiga, fiestera, gimnasta, atleta de artes marciales, esposa, nuera, madre, empleada, profesora, programadora, tía empresaria, mentora, asistente personal, estudiante de la vida… (¿abuela en los próximos años si hay suerte?)

2. Mira tu lista, elige al menos siete (preferiblemente todos) de los roles que verdaderamente marcas como importantes y han influenciado en la manera que has jugado en la VIDA.

¿Cómo te comportaste para cumplir el primer rol que eliges? ¿Tuviste la libertad de ser tu misma? ¿Se esperaba de ti que actuaras de alguna manera (desde una presión externa)? ¿O te comportaste para encajar (presión interna)?

Dibuja un cuadro para ti misma en tu diario como se muestra.

Escribe tus roles, al menos uno debería involucrar un rol en el colegio y otro dentro de tu familia.

Un rol que he jugado	Cómo pensaba que otros esperaban que me comportara	Cómo decidí comportarme	RESULTADO: ¿Cómo me servía comportarme así?
Amiga del colegio	Fuerte, no demasiado inteligente, guay, fumada	Me quedé boquiabierta, mantuve mi cabeza bajo el parapeto (nunca fumé ni me sentí guay)	Fui aceptada por mis colegas. No recibí acoso. Generalmente fui aceptada. Estudiante del colegio de Primaria.
Edad 5-8	Buen comportamiento, seguir las reglas, ser muy inteligente	La mascota de los profesores, muy inteligente, muy buena	Aprendí fácil y conseguí un montón de elogios. Brillaba.
Rol 3			
Rol 4			

3. Mirando al cuadro, ¿de qué te das cuenta sobre tus comportamientos dentro de cada rol? ¿Puedes ver alguna tendencia?

Mi principal comportamiento fue lo que pensaba que la gente quería que yo llegara a ser. Miré las acciones para lucir bien, ser aceptada, elogiada, reconocida y amada. ¡¡Todo este comportamiento fue creado desde dentro de *mi cabeza de inmadurez*!! ¡Mis padres nunca querían eso para mí!

Este comportamiento me condujo hasta que paré de elegirlo. Ese fue el día en el que mi vida dio un giro.

"La manera en la que haces cualquier cosa es la manera en la que haces todo"

-Tom Waits.

Escribe cualquier revelación (aunque sea pequeña) que has tenido sobre cómo tus comportamientos conducen tus acciones:

Mi comportamiento principal hasta ahora fue:

_____
_____
_____
_____

¡El RESULTADO para mí fue:

(Resultado = el beneficio para ti en comportarte de esta manera, por ejemplo, yo conseguí atención, me demostraron amor, la gente quería estar conmigo, conseguí lo que yo quería, tenía la razón, lucía bien, etcétera):

Otras cosas que han conducido mi comportamiento negativo son:

El resultado para mí fue:

> *Me di cuenta cuando hice este ejercicio de que siempre me ha atraído la gente que tuvo coraje para ser ellos mismos, sin miedo en la cara a la autoridad, sin deseo de confortar las reglas solo porque han sido dichas así. Mucho de mi comportamiento fue conducido por la necesidad de ser aceptada por ellos y ser como ellos en la medida que pudiese. Ellos me completaron. Tenían lo que yo no tenía y quería aprender de ellos.*

¿Qué has aprendido sobre tus comportamientos que ya no te sirve?

Mira los resultados, ¿por qué te comportas así? ¿Para ser, tener y hacer qué? ¿Fue siempre la misma necesidad la que condujo tus comportamientos? ¿Cuáles fueron tus necesidades primarias que te condujeron a comportarte en la manera en la que te comportaste?

Las necesidades primarias que condujeron mi comportamiento hasta ahora

_____
_____
_____
_____

El comportamiento primario es desarrollado por la necesidad de sobrevivir. Si tienes comportamientos y hábitos que ya no te sirven, por favor encuentra ayuda de alguien que pueda ayudarte. La hipnosis es una fantástica manera de ayudarte a parar hábitos y comportamientos no queridos rápida y fácilmente.

¡Me comprometo a PARAR esos patrones de comportamiento y hábitos que limitan mi VIDA AHORA!

FIRMADO:_____

FECHA:_____

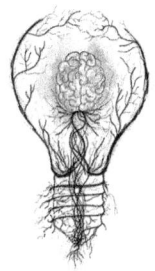

EJERCICIO 7. (Cap. 5)

Determina tu pasión y propósito

Este ejercicio está dentro del texto del libro para que no te lo pierdas. Sé cómo sois algunos de vosotros ☺

Encontrarás el EJERCICIO 7 en el Capítulo 5, página 93.

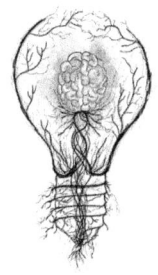

EJERCICIO 8. (Cap. 6)

¡Delégalo todo!

Mira la LISTA 2 del EJERCICIO 7, capítulo 5, página 93, la lista de todas las cosas que no te gustan o no quieres hacer.

Dibuja una tabla en tu diario y escribe una lista de todas las cosas que no te gusta hacer y trabaja en cómo puedes delegarlas TODAS. Lo que quede tiene que ser solo lo que puedas hacer.

Tarea	A quién se la puedo delegar
☐	
☐	
☐	
☐	
☐	
☐	
☐	
☐	
☐	
☐	
☐	
☐	
☐	

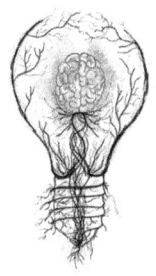

EJERCICIO 9. (Cap. 6)

Ejercicio de delegación para personas hambrientas de tiempo

Necesitarás la LISTA 1 y la LISTA 2 del EJERCICIO 7, (CAPÍTULO 5, página 95).

1. ¿Hay algo en tu LISTA que amas hacer que no estás haciendo ahora? Establécete a ti misma el objetivo de hacer eso dentro de las próximas dos semanas a partir de hoy.

¿Cuánto tiempo llevará? ¿Qué medidas necesitan tomarse para que puedas hacer eso?

YO AHORA ME COMPROMETO A

_____
_____
_____

Y TENDRÉ ESO ORGANIZADO PARA (fecha) _____ COMO MUY TARDE.

2. ¿Qué MÁS de la LISTA 2 podrías delegar a otros?

_____
_____
_____
_____
_____

CONSEJOS PARA REUTILIZAR EL DINERO

Si el dinero es un problema, ¿a qué podrías renunciar (que no te está sirviendo realmente)? ¿Podría ser ese capuchino diario en las mañanas o la cerveza en la estación del tren de camino a casa? ¿Podrías depilarte tus propias cejas? ¿Podrías depilarte tus piernas y el pecho en vez de hacer que te lo depilen? ¿Cancelar la suscripción del gimnasio que nunca usaste? ¿Cancelar todas tus suscripciones *online* que sabes que no vas a volver a usar? ¿Ir en bicicleta o caminar más que conducir localmente evitando gasolina y costes de aparcamiento?

Quizás el coste y el dinero te han evitado delegar tanto como podrías haberlo hecho en el EJERCICIO 8 (p. 233). ¿A quién puedes delegar incluso más de esas tareas sucias que te roban tu vida?

Tarea	A quién se la puedo delegar
☐	
☐	
☐	
☐	

3. Vete y toma acciones para delegar tanto como sea posible ahora mismo.

CONSEJOS PARA DELEGAR EN CASA Y EN EL TRABAJO

¿A quién puedes delegar en tu casa? ¿En tu lugar de trabajo?

Una persona de limpieza, 2-3 horas a la semana, que hace todas las tareas desagradables y necesarias.

Los niños hacen la lavadora y ordenan sus cosas. Entrénalos para poner y quitar los platos del lavavajillas. Entrénalos para colgar su ropa limpia y poner la ropa sucia en la cesta.

A una persona que pasee al perro.

Consigue que los niños ayuden a lavar el coche o hagan los trabajos de jardinería, ellos adoran la calidad de tiempo contigo. Pueden más adelante ganarse un dinero de bolsillo a través de realizar estas tareas.

Comparte el trayecto del colegio con otros padres. Tómalo a su vez para llevar a los hijos de cada uno después del colegio.

Comparte el trayecto del colegio con otros padres. Tómalo a su vez para llevar a los hijos de cada uno después del colegio.

Haz tu compra semanal "online", ¡es mucho mejor que hace muchos años atrás!

Una cuidadora de niños, un amigo, un vecino, un cercano o tu pareja podrían estar verdaderamente agradecidos por la oportunidad de emplear tiempo de calidad con tus niños, ¿has pensado en ello? Si ellos se ofrecen y son competentes, ¡acéptalo! Invierte el tiempo en hacer algo que ames.

Después de las actividades del colegio.

Si estás en un rol de supervisor en el trabajo, piensa en qué más puede ser delegado. Empodera a otros en el proceso entrenándolos bien. Crea un equipo donde todos pueden participar en el rol de alguien con el mínimo entrenamiento extra. Un equipo empoderado es mucho más efectivo que un grupo de personas trabajando juntos.

Hacerte a ti misma indispensable es un GRAN error en tu trabajo. Si te enfermas, ¿qué va a ocurrir cuando estés fuera?

¿Qué hay sobre las tasas de impuestos al final del año? ¿Cómo de estresantes son? Mantén tus recibos y encuentra a un contable o un libro de cuentas. Si eres más organizado con los recibos contables, hazte con una aplicación para el móvil, descarga tus recibos diarios o entrena a un niño para que lo haga. Consigue a un contable.

Si necesitas que alguien dirija tu trabajo y agenda, contrata a alguien. Un asistente personal es muy efectivo y algunos cobran muy poco por hora.

Si necesitas que tu ropa del trabajo y camisas luzcan bonitas, usa un servicio de planchado o consigue que tu hijo mayor (confiable) lo haga. Incluso invita a tu madre para la cena. ¡La mía no podría resistirse al reto de planchar la cesta llena de ropa! Ella lo buscaría, yo no tendría que preguntar.

Casi cualquier cosa puede ser delegada en el trabajo ahora, las ventas, el "marketing", el apoyo al cliente, reclutar, el "catering", responder al teléfono, etcétera. Trabajadores flexibles. Entonces si hay trabajos que se necesitan hacer, y tú no puedes encontrar a las personas adecuadas para emplear, piensa en contratar el servicio de un negocio capaz en un periodo de tiempo corto.

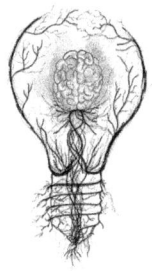

EJERCICIO 10. (Cap. 7)

Visionando

"Compárate a ti mismo no con los demás, sino con la visión que mantienes dentro de tu corazón. Dedica tu vida a una causa más grande que tú mismo y observa lo que consigues más allá. Esa cosa de la que alguien te dijo a ti que nunca serías capaz de hacer podría ser esa gran cosa que justo estás destinado a ser"

-J. F. Demartini.

¿Alguna vez has tenido una gran idea sobre algo que realmente amarías hacer? ¿Alguna vez pasó más allá de la fase inicial de "buena idea"? Si no, ¿qué te frenó de hacerla realidad?

1. Toma un momento y escribe. ¿En qué punto paró de ser una realidad?

¿Fue en la fase de idea? ¿En la fase de planificación? ¿A mitad del proyecto? ¿Justo antes de completarse?

2. Ahora escribe las razones por las que TÚ piensas que la idea no salió. TODAS las razones que te vengan a la mente. Si no las sabes, aquí hay una lista de razones que yo he escuchado cuando las ideas brillantes de personas nunca son realizadas:

- No fueron realistas.
- No fue posible. Tiempo insuficiente.
- No había dinero. No sabía cómo llevarlo a cabo.
- No pude encontrar a la gente correcta.
- No tenía los recursos.
- Presión externa diciendo que es imposible.
- Miedo a fracasar.
- Miedo a la crítica.
- ¡El perro se comió las plantas!

Hay razones infinitas por las que los sueños no son realizados. Solamente nota cuáles son las tuyas y si es una razón regular por la que no estás completando las cosas en tu vida.

3. ¿Qué miedos están asociados con tus razones? (Capítulo 3, p. 47). ¿Estás dispuesta a trabajar a través de tus miedos para mejorar masivamente tu vida?

Los miedos que he notado que entran en juego, los cuales en el pasado me han impedido completar proyectos, son:

_____
_____
_____
_____

4. CREA UN TABLERO DE VISIÓN

Puedes crear un tablero de visión de tu vida y de cualquier parte de ella. Elige ahora si vas a crear un tablero de visión para tu VIDA futura entera o para un proyecto en particular.

Necesitarás:

Un trozo de tarjeta de al menos A3 de tamaño.

Imágenes de Internet, revistas, fotografías, pegatinas y otras decoraciones si quieres, etcétera.

Pegamento.

Lápices.

Empieza con el fin en mente, piensa en lo que quieres en el futuro, lo que quieres en tu VIDA, y el proyecto que conseguir. ¿Dónde será? ¿Cómo será? ¿Qué conseguirás? ¿En qué cosas buenas servirá? ¿Con quién lo compartirás? ¿Cómo será el tiempo?... Imagínalo con el mínimo detalle.

Ahora encuentra imágenes relacionadas con la visión de tu futuro que te inspire. Pégalas en el trozo de tarjeta. No te preocupes si no piensas que eres un artista (date cuenta de si hay algún miedo escondido), cualquiera puede hacer esto, ¡incluso un bebé de dos años! ¡Diviértete!

CONSEJOS

Podría ser una futura pareja perfecta que quieres atraer en tu vida (colecciona imágenes asociadas con tu futuro perfecto juntos, dónde irán, qué harán, familia futura y cualquier cosa que puedas imaginar en vuestro futuro juntos).

Puede ser un futuro proyecto. ¿Cuáles son los objetivos del proyecto? ¿A quién ayudará? ¿Cuál es el propósito? ¿Dónde impactará? ¿Cuáles son los beneficios de tu proyecto? ¿De quién transformará vidas?

Tú puedes mejorar el tablero de visión con mensajes clave, garabatos, fechas, formas, decoración, citas inspiradoras si quieres. Puedes añadir palabras y cualquier cosa, lo que sea que te mueva hacer. Todo es aceptable.

Si es posible, lamina tu tablero de visión terminado y cuélgalo en algún lugar para que capte tu atención con regularidad: en la nevera, en tu oficina, en tu espejo, detrás de la puerta del baño si pasas tiempo mirándola.

PUEDES AÑADIR IMÁGENES EN CUALQUIER MOMENTO A TU VISIÓN A MEDIDA QUE EVOLUCIONA.

5. TARJETA DE MEMORIA

Te sugiero que SIEMPRE lleves una pequeña tarjeta del tamaño de una tarjeta de negocio con tu marca y propósito escrito sobre ella. Llévala en todos los bolsillos que uses regularmente. Cada vez que la toques o la mires algún nivel de tu mente pronto será enfocado en tu visión. Incluso si no eres consciente de ello, será un recordatorio subliminal que te enfocará en tu propósito.

Sobre ello, escribe el nombre del proyecto (puedes usar LOVE on LEGS si te gusta hasta que encuentres el tuyo).

TÍTULO DEL PROYECTO

Lo que quiero atraer

Por qué lo estoy haciendo, a quién servirá

---

6. RECORDATORIOS EN EL CALENDARIO DEL TELÉFONO

Programa recordatorios en tu teléfono en un intervalo regular durante tu día.

REVISA TU VISIÓN CON REGULARIDAD. Cada vez que la mires (o incluso toques la tarjeta en tu bolsillo), reforzarás tu programa positivo subliminal, manteniendo tu diálogo interno negativo acorralado. Cuando las cosas se pongan difíciles, tu visión te ayudará a seguir. ¡¡¡El fracaso no es una opción!!!

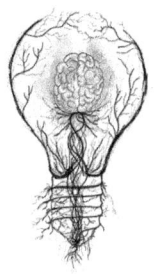

EJERCICIO 11. (Cap. 7)

Visualiza tu futura vida llena de amor

Vamos a trabajar sobre tu visión personal. Asumo que escogiste este libro para que te ayudara a ser más atractiva sin esfuerzo en cada momento.

Entonces, vamos a imaginar tu vida personal dentro de unos años. Podrías haber creado un tablero visionado de tu futuro perfecto en el EJERCICIO 10. Si es así, vamos a ir más allá.

Escribe las respuestas en tu diario.

1. ¿Quién crees que tienes que SER para atraer el AMOR a tu vida? ¿Qué cualidades tendrás?
2. ¿Qué se SENTIRÍA al estar en una maravillosa y AMOROSA relación?

3. ¿Realmente CREES que es posible? Si no, vete de nuevo al Capítulo 3, Diálogo Interno Negativo, pág. 48.

   Encuentra un lugar tranquilo y deja volar libremente tu imaginación.

4. Describe tu pareja perfecta en detalles nítidos, no solo la apariencia, sino cómo se comporta, ¿es de confianza, respetuosa, está feliz y es divertida, trabaja? Si es así, ¿en qué trabaja, qué tipo de trabajo hace (qué ama hacer)?

5. ¿Qué estarás llevando puesto? ¿Qué estará llevando esa persona puesto?

6. ¿Dónde estarás y cómo es? Da tantos detalles como sea posible.

7. ¿Qué olores puedes asociar con tu visión?

8. ¿Tu visión tiene un tema? ¿Un esquema de color? ¿Una textura?

9. ¿Qué sonidos puedes escuchar alrededor tuyo? ¿Música? ¿Risas? ¿Naturaleza? ¿Charla? ¿Silencio? ¿Ruido?

10. ¿Tendrás una familia? Si es así, ¿quiénes son los miembros de tu familia y qué edad tienen?

11. ¿Crees TÚ que es posible tener todo esto?

    Recuerda: si tu respuesta es NO, tendrás la razón, así que cambia tu respuesta a SÍ y lo harás posible.

12. ¿Qué te está parando a ti?

Permítete a ti misma creer que esto es posible y podrás tenerlo. Toma elecciones que te muevan a tu visión y podrás conseguirlo. Si puedes disciplinarte a ti misma a rechazar cualquier cosa que disminuya tu visión, puedes vivir dentro de esa visión y hacerla realidad.

SI NO LO HAS HECHO YA, POR QUÉ NO PASARLO BIEN CREANDO UN TABLERO DE VISIÓN QUE TRAIGA TU VISIÓN DE UNA RELACIÓN AMOROSA UN PASO MÁS CERCA. SI TIENES AMIGOS EN POSICIONES SIMILARES, ¡POR QUÉ NO HACER UNA FIESTA DE TABLERO DE VISIÓN Y PASARLO BIEN CON ELLOS!

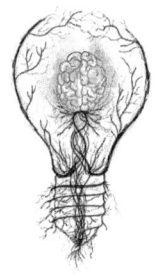

EJERCICIO 12. (Cap. 8)

¿Cuál es tu marca?

Si realmente quieres vivir en una pregunta empoderada, si quieres cambiar el mundo con tu marca, piensa en ello desde este punto de vista:

Imagina que puedes dejar una buena impresión en el mundo, dejar una legacía maravillosa. Bien, considera vivir tu vida como si todos los niños de este mundo estuvieran mirándote (entonces, por ejemplo, estuvieses determinando su futuro y, de hecho, el futuro de toda la humanidad), ¿marcaría eso alguna diferencia en cómo eres, en cómo vivirías tu vida ahora?

¿Qué crees que podrías cambiar?

1. ¿Qué conocimiento te gustaría dejar a esos niños?
2. ¿Qué deseas que hubieras sabido cuando tuviste diez años?

3. ¿Cuáles de tus hábitos cambiarías si todos estuvieran mirándote?
4. ¿Cuáles de tus hábitos actuales cambiarías y dejarías?
5. Si tuvieras un mensaje para los niños del mundo, ¿cuál sería?

MI MENSAJE PARA LOS NIÑOS FUTUROS SERÍA:

_____

_____

_____

6. Ahora cambia la respuesta a la pregunta 5 (tu mensaje a los niños del futuro) a un formato de pregunta:

_____

_____

_____

Si todavía te está costando identificar una marca o una pregunta en la que vivir, las respuestas a las preguntas 5 y 6 pueden darte una pista.

7. Mira tu última respuesta, ¿puedes crear un nombre de marca con el que te identifiques? (No tienes que compartirlo con nadie... pero puede que quieras ☺).

MI MARCA ES:

_____

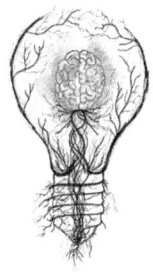

EJERCICIO 13. (Cap. 9)

Manejar expectativas

Quiero que hagas un registro durante un día completo.

1. La noche antes (o primero cuando te levantes), toma tiempo de hacer una lista en tu diario de TODAS tus expectativas del día siguiente: qué es lo que esperas que ocurra durante el día desde que te levantas hasta que te acuestas.

Haz una lista y ponle tiempo a cada cosa sobre cuándo esperas tenerlas completadas. Anótalo, por ejemplo:

Despertarme a las 6:15 a. m.

Ducharme.

Vestirme para las 7 a. m.

Preparar el desayuno y la comida de los niños.

Los niños listos para dejar la casa para las 8 a. m.

Dejar los niños para las 8:20 a. m.

Coger un tren en particular.

Tomar un café.

Estar en la oficina a las 9 a. m.

Comprobar y priorizar correos para las 9:20 a. m.

Reunión a las 10 a. m.

Coger un jugo y aperitivo antes de la 1 p. m., etcétera.

Meterme en la cama para las 11:30 p. m.

2. En cada momento que te sientas estresada, cualquier cosa desde la irritación más ligera a un alto nivel de estrés, ponle un número (1 = relajada, 10 = muy estresada). Escríbelo electrónicamente, en un cuaderno o en un diario.

Incidente	Nivel de estrés (1 = relajada, 10 = muy estresada)	En relación con la vida y la muerte, ¿cómo de crítico fue el incidente?
¡La alarma del reloj no sonó! Aaaaaarg	2	0
Olvidé planchar la camisa anoche	4	0

Los niños llegaron tarde al desayuno	5	0
El tren se canceló	7	2
John no ha entregado el reportaje necesario para la reunión de esta mañana	8	23

Al final de cada día, mira la lista de incidentes de estrés. Del 1 a 10 (1 = relajada, 10 = muy estresada), ¿qué nivel de estrés fue creado?

Ahora mira atrás:

- ¿Qué expectativas tuviste de ti misma u otras que tuviste en esa situación?
- ¿Alguien a quién echar la culpa?
- ¿Cómo de serio fue el incidente en sí, del 1 a 10? (1 = poquito, 10 = situación de vida y muerte)?
- ¿La gravedad del asunto justifica un aumento de tu nivel de estrés y tu reacción?
- ¿Cuál piensas TÚ que fue la causa desconocida que incrementó el nivel de estrés? Pista: las expectativas de ti misma y de otros.

Si vivieras el día de nuevo, ¿qué harías diferente? ¿Cómo manejarías las expectativas en el futuro para prevenir estrés?

En el ejemplo, podrías levantarte media hora antes, despertar a los niños antes, comprobar el tren mientras caminas, comunicarte con John antes para prevenir los sustos de última hora. Veremos "revivir" el día en profundidad en el capítulo 9, pág. 153.

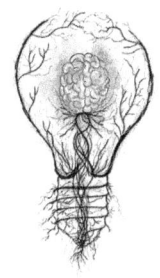

EJERCICIO 14. (Cap. 10)

Creando un futuro más poderoso y emocionante (marca) en el que vivir

Si estás todavía buscando tu pregunta poderosa en la que vivir, esto definitivamente profundizará tu investigación.

1. Primero, escribe cualquier aspecto de tu vida con el que no estás feliz: ¿muy poco dinero? ¿Tiempo insuficiente? ¿Dieta pobre? ¿Poco ejercicio? ¿Relaciones tóxicas? ¿Soledad? ¿Demasiada presión? ¿Pocas vacaciones? ¿Tu trabajo?

Ahora imagina tu futuro perfecto otra vez (como lo hiciste en el ejercicio 1, página 209, has hecho un gran recorrido desde entonces y tu visión podría haber cambiado).

Tienes todo el dinero, todo el tiempo del mundo, alta alimentación nutritiva y relaciones amorosas a tu alrededor, ¿cómo luce tu vida? ¿Dónde estás viviendo? ¿Con quién estás compartiendo tu vida? ¿Cómo es tu casa si tienes una? ¿Estás eligiendo trabajar? ¿Qué haces en tu tiempo libre? ¿Tomas vacaciones regularmente? ¿Dónde vas? ¿Qué llevas puesto? ¿Qué y dónde comes? ¿Adónde conduces o eres conducida? ¿Quizás tienes tu propio helicóptero o avión? ¿Quizás te teletransportas? ¿A quién estás amando?

2. Cierra tus ojos durante 5 minutos ahora y "siéntelo" de verdad, experimenta en tu imaginación lo que sería estar en esta posición.

"Primero viene el pensamiento; luego la organización de ese pensamiento en ideas y planes; luego la transformación de esos planes en realidad. El comienzo, como observarás, está en tu imaginación"

-Napoleon Hill.

3. Ahora escribe en tu diario o cuaderno todo lo que puedas visualizar sobre tu posible vida futura como si la estuvieras viviendo ahora. Escribe muy detalladamente todo lo que tendrás, serás y experimentarás, recordando que todo el AMOR está en el mundo para ayudarte cuando cambies tu mentalidad y hábitos.

CUALQUIER COSA ES POSIBLE.

¿Cuál es la pregunta más poderosa que te ha venido a la mente? ¿Qué es lo que te va a emocionar y a hacer que te levantes cada mañana? Si todavía no estás segura, te ayudará responder a las siguientes preguntas dentro del contexto de tu nueva MARCA.

Escribe las respuestas a cada una de las siguientes preguntas para que consigas claridad sobre lo próximo que necesitas hacer.

1. ¿Qué acciones puedes tomar inmediatamente que traigan esta marca a la vida?
2. ¿Qué hábitos vas a cambiar?
3. ¿Qué maneras de "ser" vas a cambiar?
4. ¿Serás más amable?
5. ¿Serás más cariñosa?
6. ¿Serás menos juiciosa y más aceptante?
7. ¿Tendrás más coraje?
8. ¿Tendrás más energía?
9. ¿Te sentirás válida de recibir y te permitirás a ti misma recibir?
10. ¿Completarás todo lo que empieces?
11. ¿Llegarás a ser más aventurera?
12. ¿Llegarás a ser más emprendedora?
13. ¿Llegarás a ser más saludable?
14. ¿Llegarás a ser más rica?
15. ¿Te gustaría viajar más?
16. ¿Serás más honesta y confiable?
17. ¿Serás más autosuficiente?
18. ¿Serás más caritativa?
19. ¿Estás comprometida a encontrar una cura al cáncer?

20. ¿Escalarás el Monte Kilimanjaro?

21. ¿Correrás un maratón?

22. ¿Escribirás un maratón?

23. ¿Serás un gran padre o madre?

24. ¿Vas a convertirte en alguien al que la gente ama y respeta?

25. ¿Ayudarás proactivamente a una causa noble?

26. Si hay algo que alguna vez has querido hacer o ser, ¿qué es?

27. ¿Tienes claro lo que te gustaría cambiar de ti?

Si no has conseguido la respuesta, sigue trabajando en ella.

¿Sabes que la persona media invierte mucho más tiempo planeando los detalles de sus vacaciones que los detalles de su vida?

Planeas las mejores vacaciones, el mejor alojamiento, la mejor localización, la mejor comida, las mejores actividades, lo mejor de todo que puedas conseguir. Empieza a tratar tu vida como unas vacaciones y planea un futuro mejor para ti y para tus seres queridos.

CUALQUIER COSA ES POSIBLE SI PERMITES QUE LO SEA

APÉNDICES

APÉNDICE 1:
Cómo el ser rechazado puede no tener nada que ver contigo. 263

APÉNDICE 2:
El primer plan lol para loveonlegs.com 267

APÉNDICE 1:

Cómo el ser rechazado puede no tener nada que ver contigo

Los siguientes tres escenarios son ilustraciones de cómo el ser rechazado es un reflejo del rechazador, no de la persona que está siendo rechazada.

Escenario 1.

Si has sido rechazado por tu comportamiento, aprende a NO hacerlo de nuevo si quieres ser aceptado la próxima vez. Si repites el mismo comportamiento, no te sorprendas de ser rechazado de nuevo.

Escenario 2.

Si una propuesta de negocio es rechazada, no necesariamente significa que ellos no quieran hacer negocios contigo. Recuerda que no es personal, ¡es negocio! Podría significar que el momento no es correcto, los costes son demasiado altos o hay una proposición más atractiva sobre la mesa. Un rechazo en una comunidad de negocios es una oportunidad real para hacer preguntas, descubre qué necesita ser cambiado para hacer una propuesta aceptable. Esto es lo que separa la gente buena en ventas de la gente pobre, ¡ellos no dejan de luchar! ¿Qué es lo que el cliente quiere? ¿Qué cambiará el no en un SÍ?

Escenario 3.

Si alguna vez has sido rechazado por un amor, probablemente es la peor forma de rechazo que experimentarás y puede dejarte cuestionado y sintiéndote vulnerable.

Las dos obvias opciones abiertas para ti son:

1. Te conviertes en una víctima de tu rechazo y sufres, sufres y dejas el dolor entrar. Algunas veces el sufrimiento puede ser tan doloroso que la vida podría parecer insoportable, es, sin embargo, una elección. El problema con esta elección es que es poco atractiva para otros y, aunque inicialmente podrías conseguir amor y apoyo porque estás sufriendo, a largo plazo sufrir repela a otros y reduce las posibilidades de encontrar amor en cualquier parte. Tú has elegido sufrir sobre amar, de hecho, estarás dejando ofertas de amor fuera; o

2. Reconoces que has sido rechazado. Eliges NO ser una víctima de este rechazo, pero aprendes de él y le das la vuelta. Aprendes y creces. Muchas de las grandes obras de arte y logros han sido enraizados en una ruptura. Coges la energía de la ruptura y la enfocas en algo positivo. Después del choque inicial, tu estima crecerá, te convertirás en alguien más fuerte y más atractivo y serás más propenso a atraer más amor en tu vida. Yo soy una gran creyente de que no hay solo un Sr. o Sra. perfecto para ti. Hay miles de personas en este planeta que compartirán un amor profundo contigo, tú solo tienes que estar abierto

para encontrarlos (o ser encontrado). En el futuro, probablemente mirarás atrás y estarás agradecido por el rechazo, porque te abrió a oportunidades que quizá nunca hubieras experimentado.

Hay múltiples maneras de reaccionar al rechazo y TÚ TIENES LA OPORTUNIDAD DE ELEGIR. Una vez que aprendas esto, vuelves a ganar control. Nadie más tiene poder sobre ti, TÚ TIENES LA OPORTUNIDAD DE ELEGIR cómo vivir tu vida en cada momento. Tus emociones no llegan a elegir, la persona que te rechazó no llega a elegir, tus mejores amigos no llegan a elegir. Todo lo que haces es el resultado de tus elecciones tanto si las consideras profundamente o de otra manera. ¡Tú tienes el poder!

APÉNDICE 2:

El primer plan lol para loveonlegs.com

PLAN LOL (Versión 1) LOVEonLEGS.com, 2 de mayo de 2016

*"Cuando me desespero, recuerdo que, a través de toda la historia, el camino de **la VERDAD y del AMOR siempre han ganado**. Ha habido tiranías y asesinos, y, por un momento, parecen invencibles, pero al final siempre caen. Piensa en ello, SIEMPRE"*

-Mahatma Gandhi.

VISIÓN

Un sistema que cualquiera pueda seguir para atraer más AMOR a su vida.

Transformar las vidas de ocho billones de personas del MIEDO al AMOR.

Crear una sociedad de compartir, colaborar y de alegría que apoye a todos en el planeta, sin que nadie quede fuera.

VALORES

AMOR: Cuando el MIEDO es suprimido, las personas llegan a ser más creativas y disfrutan de la vida.

La tecnología va a acabar con muchos de los trabajos tradicionales. TODOS nosotros necesitamos llegar a ser más creativos si queremos prosperar.

La raza humana es completamente capaz de destruirse a sí misma. Vivir como LOVE on LEGS es la solución.

Elige prosperar antes que sobrevivir.

MÉTODOS

Un libro globalmente bienvenido.

Una web interactiva para educar y entretener (suscripción mensual).

Redes sociales.

Redes tradicionales.

Seminarios cada cuatro meses, hablar en público y en cursos.

Supervisar el programa de entrenamiento.

Alianzas poderosas con personas que admiro: Tony Robbins, John F. Demartini, Sheryl Sandberg, Elon Musk, Oprah, Bob Geldof, Richard Branson, Marianne Williamson, etcétera.

OBSTÁCULOS

Autoestima, trabajaré en ella.

Mi diálogo interno negativo, trabajaré en él.

Mi miedo a la crítica, trabajaré en él.

No pedir ayuda.

¡¡YO!!

Falta actual de "marcar una diferencia" financiera.

Falta de experiencia, la gente adecuada, el equipo adecuado, delegar a gente con experiencia.

MARCADORES

Comunidad *online* de un billón de personas practicando ser LOVE on LEGS.

Inesperados actos de amabilidad como estilo de vida.

Cien mil libros vendidos.

Curso cada cuatro meses.

Un billón de libras siendo redistribuidas para proyectos de interés humano y programas educativos que promuevan la prosperidad.

Comunidad global.

Servicio Internacional de Salud.

Comida nutricional y agua limpia para todos en el planeta.

Los gobiernos valorando a las personas por encima de los beneficios.

Sistema económico conocido siendo reemplazado por un sistema adueñado por la gente.

Amnistía global de armas.

Educación rehabilitada a través de juegos de inteligencia artificial para todos.

AGRADECIMIENTOS

Quiero agradecer a mi maravillosa familia con todo mi corazón. Especialmente, a mi incondicional y amoroso marido Mark, quien siempre ha creído en mí (incluso cuando yo no lo hacía). Eres el mejor padre para nuestros tres hijos, Ben, Josh y Grace. Gracias a todos por los fantásticos momentos que hemos compartido como una familia. Me inspiráis para ser mejor cada día.

Gracias a mis increíbles padres, Brita y Morris, de quienes me siento afortunada de tener. Crecí rodeada de sabiduría, cariño y AMOR. Os asegurasteis de que nunca nos perdiéramos ninguna oportunidad para vivir, aprender y crecer. A mi hermano Erik y a mi hermana Lise, gracias por aguantarme, incluso cuando no era fácil vivir conmigo. Si todo el mundo tuviera una familia como la mía, el mundo sería un lugar mejor. Les AMO muchísimo.

Gracias a Helen de WhyVeganNow.com por las correcciones editoriales finales y tu ayuda y AMOR a través de los años.

Gracias a Simon de SimonX.com por las fotografías profesionales y la introducción a mi primer mentor (uno más al lado de mi padre), quien me ha hecho cuestionarme todas las áreas de mi vida y me ha inspirado a ser LOVE on LEGS y escribir este libro.

Gracias a Graham Thomas también (osteópata, supersanador y querido amigo), quien mantuvo mi cuerpo relativamente sin dolor y me dijo lo que necesitaba durante el proceso de escritura. ¡Estar encorvada en el ordenador durante días y horas no es lo mejor que puedes hacer por tu cuerpo!

Quiero agradecer a todos aquellos quienes de alguna manera han tocado mi vida porque he aprendido lecciones inestimables a través de cada experiencia increíble, tanto mala como buena. Gracias por todo.

Como mucho AMOR,

Hanna xx

NOTAS

NOTAS

loveonlegs06@gmail.com